D1996127

Beste Wünsche
und Gesundheit,
zum Geburtstag
06.09.1991

„DIE CAFÉ-RUNDE"

4. OG.

Bilder aus Schlesien

Dieses Madonnenbild, das im Dom zu Breslau gehangen hat, ist ein beliebtes Andachtsbild der Schlesier gewesen. Der Ausdruck der Madonna mit dem Jesuskind entspricht dem Ausdruck der Marien mit dem Kinde, wie er auf den Plastiken der Bildhauer DER SCHÖNEN MADONNEN zu sehen ist. Lucas Cranach d. Ä. hat das Werk geschaffen. Er hat es in Wittenberg dem Lutherfreund Johann Hess nach Breslau mitgegeben, wo dieser Gelehrte und Geistliche es seinem Bischof Thurzo überreichte. Es erhielt neben dem Heiligen Johannes dem Täufer im Breslauer Dom seinen Platz.

Wolfgang Schwarz

Bilder aus Schlesien

Über 500 Fotos vom Leben wie es damals war

Weltbild Verlag

Lizenzausgabe für
Weltbild Verlag GmbH, Augsburg 1990

Gesamtherstellung: Franz Spiegel Buch GmbH, Ulm
Printed in Germany
ISBN 3-89350-099-5

INHALT

EIN WORT ZUVOR

Ein großes weißes Tuch tat meine Mutter auf den Tisch, wenn Besuch kam. Das war ihre oberschlesische Art, Gäste zu empfangen. Es war ein großes weißes Segel, das hatte den Sinn: Es ist Frieden, ist Licht. Ein solches großes weißes Segel, ein solches großes weißes Tuch ist auch hier auf den Tisch getan.
Dann füllte sich's aus allen Kellern und Kammern; und es war jene östliche Gastfreundschaft da, um welche alle Westlichen die aus dem Osten beneiden.
Diese Keller und Kammern sind auch hier aufgemacht. So stehen hier denn Bilder unter des Tisches bunten Dingen – die sind aus den letzten Überbleibseln herausgekramt, von denen sich Menschen nur ungern trennen. Hier haben sich schlesische Menschen von solchen Kostbarkeiten, solchen Reliquien, solchen Ikonen getrennt – sie haben in ihrer rührenden Freude über das Fortleben ihrer Heimat keine Arbeit gescheut, diese Bilder zusammenzustellen, sie zu verschicken, sie einer sichtenden Hand anzuvertrauen. So ist es zu diesem Buch gekommen, das im Letzten das Leben selbst baute, bastelte, bestellte. Es war eines Autors Zutun nur notwendig, wo es um Beschriftung, Erläuterung ging. Hier freilich muß jeder schlesische Autor, der mit einem solchen Buch-Machen beschäftigt ist, passen. So etwas kann er als schlesischer Schriftsteller nicht tun, ohne aus dem eigenen schlesischen Brunnen zu schöpfen. Was eben auch heißt, wie bei der Sache mit dem großen weißen Tuch, daß er sich in sein eigenes schlesisches Zuhause zurückdenkt.
Meiner Mutter Sympathie gehörte der Tafelrunde Friedrich des Großen. Die hing über dem großen weißen Tuch. Die war des Gastfreundschaft-Zimmers Altarbild. Adolph von Menzel hatte mit ihr eines der schönsten schlesischen Gemälde gemalt. Ja, schlesisch – trotz des Franzosen Voltaire und trotz der Flötenspielkunst des großen Königs, trotz alles Fremden, alles Majestätischen in diesem großartigen Werk. Schlesisch hieß fritzisch in diesem Geist der Tafelrunde, wörtlich als Runde um die Tafel genommen, und in diesem Geist der Kunst, sei sie von wo auch immer gekommen. Der Alte Fritz war der schlesische König schlechthin, wie weit er von Schlesien auch entfernt sein mochte in seinem politischen, philosophischen, ja auch und grade seinem kriegerischen Denken. Dieses Paradoxe verstehe, wer will – oder wer eben auch Schlesier ist in seinem störrischen, eigenwüchsigen Kopf. Dieses Kopfes Zuhause, das war auch das schlesische Zuhause in den Wohnungen auf dem Dorf und in der Stadt. Ja, und da bin ich bei dem, bei dem ich passen muß. Ich kann hier nichts Allgemeingültiges über Schlesien sagen. Aber über WIR SCHLESIER ZUHAUS kann ich, als Herumgekommener in meinem Schlesien, einiges vermitteln – an Einblicken, wie sie sich mir geschenkt haben. Im Umgang mit meinen illustren Kollegen, die ich, als Kind und Jüngling, kennenzulernen das Glück hatte. Gerhart Hauptmann, Hermann Stehr, Paul Keller, Joseph Wittig, Friedrich Bischoff, Gerhart Baron, Hanns Gottschalk, und wie sie heißen.
Von Herzen danke ich allen, die mir beim Nachdenken und Formen dieses Buches geholfen haben. Aber ohne die Gewissenhaftigkeit und Ordnungskraft meiner Frau, der Malerin Erica Schwarz-Risch, wäre dieses Buch nie zustandegekommen. Sie, als Schweizerin, hat bei dieser Arbeit meine Heimat Schlesien lieben gelernt.

Wolfgang Schwarz

KINDERSTUBE – SCHULBANK

Läden
aus Seife
und Zimt.
Salomons Hand
holt unter der Katze
heimlich
Bonbons
für uns Kinder
hervor.

Arnold Zweig geht als Kind durch Glogau. Was er als Erstes sieht, das Denkmal des großen Dichters Gryphius. Was er als Zweites sieht: das Glitzern und Tschingderassassa eines Militärs. Und als in der Schulkindheit Oberschlesien sein Schauplatz ist, kommt ihm in den Sinn, daß er gelesen hat: hier ist Bruno Arndt, der Dichter, auch der Lehrer.

Dem Lehrer Karl Schodrok, so berichtet's August Scholtis, legen die Schüler Steinäxte aufs Katheder. Nicht um ihn zu bedrohen, sondern um ihm zu zeigen, wie begeistert sie von seiner Schulstunde gewesen sind. Er hat ihnen nämlich von der Steinzeit erzählt – und zwar so spannend, daß sie alsdann Funde aus der Steinzeit sammeln gegangen sind.

Der Alte Fritz, umstritten in seiner Eroberungspolitik, umstritten als Professor der Pädagogik, hat seinem Minister Zedlitz am 5. September 1779 diktiert: "Die Lehrer müssen sich mehr Mühe geben mit dem Unterricht der jungen Leute und darauf mehr Fleiß wenden und mit wahrem Attachement der Sache sich widmen. Eine gute deutsche Grammatik, die die beste ist, muß auch bei den Schulen gebraucht werden. Und die Logik ist das allervernünftigste, denn ein jeder Bauer muß seine Sache überlegen, und wenn ein jedes richtig dächte, das wäre sehr gut.

Die Rhetorik muß den jungen Leuten ebenfalls gründlich beigebracht werden."

Also "Poshundek" – um's hübsch oberschlesisch zu sagen –, auf Deutsch: Zucht ist gewiß ein schlesisches Kinderstuben- und Schulbank-Prinzip gewesen. Dafür hat der preußische Nachfolger der Österreicherin Maria Theresia in der Schlesienherrschaft, Friedrich der Große, der Alte Fritz, schon gesorgt. Aber zugleich sind im Lande der 666 Dichter, wie Schlesien von Detlev von Liliencron genannt worden ist, auch viele Dichter Väter und Lehrer gewesen. Sicher zur Illumination dieses Staates im Staate: Erziehung.

Und dazu auch noch die Salomons, die guten Onkels, und die schlesischen Mütter. Überhaupt dieses Alttestamentliche, Matriarchalische im Lande an der Oder. Hat's nicht auch über Kinderstube und Schulbank geweht?

Die schlesischen Mütter haben in der Muttergottes mit dem Jesuskind ihr Urbild gehabt. Wie eine schlesische Mutter sich sieht, das hat Lucas Cranach der Ältere in seiner "Madonna unter den Tannen" gemalt. Lucas Cranach hat diese Madonna in Wittenberg geschaffen. Er hat sie dem Lutherfreund Doktor Johann Hess nach Breslau mitgegeben: auf daß der sie seinem Bischof Thurzo überreiche. So hat diese "Madonna unter den Tannen" in der Breslauer Kathedrale zum Heiligen Johannes dem Täufer ihren Platz gehabt. Zu Nutz und Frommen der Mütter, der Kinder . . .

Geboren am 1. 3. 1899 – 5 Jahre alt. Walter Dzialas. Aufgenommen von Foto-Schwartzert. Breslau, Hummerei 26. Kleiner Prinz in Samt und Seide mit seinen Insignien: Reifen und Stock.

KINDERSTUBE – SCHULBANK

Beton-Schulbau, dem Bauhaus Dessau abgeguckt, davor ein Gruppenbild mit "Tante". Drolliger Kontrast zwischen den ernsten Gesichtern und dem fröhlichen Sandkasten.

Was für ein Fest wurde hier in Landeck gefeiert, an dem die Dreikäsehochs der Katholischen Spielschule "Reichspost" spielten?

Einen Stecken trugen die Kinder am Sonntag Laetare. Den Osterstecken. Als Krone darauf einen Busch Buchsbaum. Darunter flatternd bunte Seidenpapierbänder. Dazu wurde – reihumgehend von Haus zu Haus – gesungen:

Summer – Summer – Summer –
ich bin a kleener Pummer –
ich bin a kleener Kenig
gebt mir nich zu wenig.

Alsdann wurden die Kinder mit Schaumbrezeln, Eiern und Süßigkeiten beschenkt.

Ostern um die Jahrhundertwende in Leschnitz/Oberschlesien – vor diesem wilden Kinder-Kopfputz hat der Winter sicher schnell Reißaus genommen!

Kinderhochzeit in Neuweistritz. Um 1920. Nichts ist vergessen, was auch zu einer "Erwachsenenhochzeit" zählt. Nicht der Zylinder des Bräutigams, nicht die "Krone" der Braut. Auch nicht der Herr Pastor mit seinem "Vatermörder" und seiner "gußeisernen Schleife".

In Hünern, Kreis Trebnitz, gab es in "Scholtz's Etablissement", also einem Gasthaus, einen Kinderspielplatz. Dorthin fuhr man mit der Kleinbahn – von Breslau eine Stunde Wegs. Hier konnte man sich "amüsieren". Auf Ziegen-Kutschen und "wie Herrschaften" drapiert. Dies lief freilich unter der Rubrik "teures Vergnügen".

"Der erste Schultag" mit Matrosenanzug, großer Tüte, großem Ranzen und mit etwas weichen Knien. Nicht sehr nach Art der "Washington" und ihrer tollkühnen Seeleute sieht Martin Gerber, Breslau 6, Jahnstr. 42, in die Neue Welt der Schule.

Da ist Marga Raczkowski 1935 in Breslau schon fröhlicheren Sinnes. Schwamm und Lappen hängen als Fähnchen aus ihrem Ranzen. Nur die Strümpfe haben Trauerfalten.

Breslau-Gräbschen, April 1933. Die Einschulung für einen Teil des ev. Jahrgangs 1926/27 "erfolgte wegen Schulraumnot vorübergehend im Städt. Kindergarten". Es scheint, die Kinder sind mit ihrem Großen-Tüten-Auftritt sehr zufrieden.

So ein erster Schultag in der Hauptstadt Breslau, anno 1927, ist selbstverständlich auch eine "Emanzipation". Da ist man, entsprechend der Mutter, ebenfalls mit einem vollzurechnungsfähigen Hut behutet. Und guckt skeptisch wie die Frau Mama in die "Große Welt".

So sieht ein Schulhaus aus: Es ist die evangelische Schule in Tschiefer. Einsam. Fast eine Kirche. Würdig und beinahe heilig.

Der Hauptlehrer und Kantor von Hermannsdorf, Kr. Breslau, mit seiner Familie und den beiden Lehrerinnen. Die kleineren Jungen tragen Matrosenanzüge; die Flottenpolitik des Kaiserreiches fand damit auch auf dem Dorf ihren Niederschlag (um 1905).

Ein schlesischer Lehrer und Kantor. Aufgenommen in Liegnitz 1938. Mit Schirm, Charme und, statt mit der Melone, mit einem breitkrempigen Künstlerhut.

Ein Schüleralptraum von Bild: Das Lehrerkollegium der katholischen Volksschule Dittersbach, Kreis Waldenburg, 1905. Diese Volksschule wurde in Hermann-Stehr-Schule umbenannt. Hermann Stehr (1864 – 1940), neben Gerhart Hauptmann bekanntester schlesischer Dichter, Verfasser des "Heiligenhofes", war von 1920 – 1931 an dieser Schule Lehrer gewesen.

Wenn ein Vogel auf der Spitze des äußerten Baumzweiges sitzt, so erlebt er nur die Bewegungen dieses Zweiges. Rückt er tiefer hinein auf dem Ast, so umfaßt er die Bewegungen von hundert Zweigen und schwankt doch ein wenig. Wählt er aber seinen Platz im Kroneninnern, hart am Stamm, so erlebt er die Bewegungen des ganzen Baumes und wird selbst nicht erschüttert. – Noch mehr wie diesem Vogel geschieht einem Menschen, der bis in die Tiefe seiner Seele sinkt. Denn dort erlebt er alles Leben, das ganze Weltall, den ganzen Gott mit allen seinen Geheimnissen, weil dieser unser Grund auch der Grund Gottes ist.

Hermann Stehr

Ein ländliches Schulhaus gleich neben der Kirche. So hat's der Lehrer zum Orgeln, so haben's die Buben zum Ministrieren nicht weit.

Schulpause auf der Dorfstraße.

Das ist die Erinnerung an ein Kinder-Winter-Vergnügen. Es ist eines der einfachsten, bescheidensten: Das Kascheln auf zugefrorenen Teichen oder auf einer vereisten Lusche. Eine Lusche ist eine Pfütze grandiosen Ausmaßes.

Eine Schulklasse auf dem Schulhof von Rothwasser, Kreis Görlitz.
Mit dem Arrangement hat sich der Foto-Meister viel Mühe gegeben. Aber die beabsichtigte fröhliche Natürlichkeit wird von einigen Kindern mit Brummen quittiert!

Waldschule in Breslau-Karlowitz 1931. Gewiß ein Einbruch der Reformpädagogik in das landläufige, kasernierte Schulgehabe. Daß sich nun Kinder in der Frei-Luft unterrichten lassen dürfen, freilich noch in der hoheitheischenden Distanz von Lehrer und Schüler. Und in "Reih-und-Glied" in den Schulbänken.

In der gleichen Schule: Ein "Turmbau zu Babel". Jedenfalls ein "Werkeln" mit Werkzeugen und mit Bau-Ergebnissen. Sichtbares bildnerisches Geschehen, wie es von den musischen Reformpädagogen gefordert wurde.

An der Übersteige: Schulkinder mit neuen Sportgeräten, etwa 1912. Es sind Polostöcke zu sehen, aber auch Tamburin-Teller. Bälle überdies.

Kein Kind, das nicht einen Schulausflug auf die Landeskrone, das Wahrzeichen des Görlitzer Umkreises, gemacht hätte!

Jugendherbergen, wie diese hier in Schmiedeberg, mit billigen Schlaf- und Eß-Chancen, sind schönste Errungenschaft in der Zeit vor dem Ersten Weltkrieg, als der "Wandervogel" auftaucht. Für Schüler die erste Station, sich selbständig, ohne die Erwachsenen, die Welt zu erwandern.

Die kirchliche Sparte dieser Jugendbewegung entfaltet ebenfalls ein ausgedehntes Wander- und "Welterobe-rungs"-Leben. Hier eine Radegundis-Schar von St. Heinrich in Breslau beim "Mittagsmahl/ selbstgemacht".

Mitreißend ist die Jugendbewegung mit ihren vielen Jugendbünden, der Deutschen Freischar, dem Deutschen Pfadfinderbund, aber auch mit den konfessionellen, den politischen Gruppierungen. Schlesien hatte im Boberhaus ein international berühmtes Zentrum dieser Bewegung. Schlesien war das erste Land, das aus dieser Bewegung in Löwenberg eine moderne Form der Arbeits-Solidarität machte.

Kindergruppenfest der St. Heinrich-Pfarrei in Breslau. Inmitten von Mietskasernen der geglückte Versuch, dörfliches Leben in die städtische Öde zu bringen.

Breslau-Gräbschen 1935. Viel Platz für Kinder bot der Große Hof des Wohnblock-Karrees Kronstädter- und Hermannstädter-Straße. Die Klopfstangen vor jedem Haus dienten den Jungens als ideale Fußballtore.

Einmal im Jahr gab es in diesem Großen Hof ein Kinderfest. Diesmal, 1942, mit zwei richtigen Clowns.

Ein Kinderfest im Gutskindergarten auf Rittergut Ronsdorf, Kr. Glogau, 1930. Tänze werden hier vorgeführt. Artig setzen die Kleinen – gesenkten Blickes – ihre Schritte.

So hat man in Schlesien schwimmen gelernt – wie hier im Engelteich von Arnsdorf, Kr. Glogau. Man ging einfach ins Wasser. Ertrinken war in diesen seichten warmen Tümpeln so gut wie nicht möglich.

Versteckspiel oder einfach faulenzen im großen Strohschober.

Schlußszene aus dem Weihnachtsspiel "Der Buckelpeter". Aufgeführt von den Schulkindern der ambulanten Krüppelschule. Noch 1928 wurden Behinderte ganz brutal "Krüppel" genannt.

Studiensaal und Aula des Lyzeums der Ursulinerinnen in Breslau.
Die meisten Höheren Schulen Schlesiens wurden, obwohl staatlich, von kirchlichen oder politischen Institutionen geleitet.

Das Lehrerkollegium des Magdalenen-Gymnasiums, 1937. Das war eine der Evangelischen Höheren Schulen Breslaus.

Drei wagemutige Professoren des Katholischen St. Matthias-Gymnasiums in Breslau. An der Lenkstange: Professor Hermann Hoffmann, der katholische Theologe und deutsch-polnische Brückenbauer.

Sticken im Walditzer Schwesternheim St. Cäcilia im Jahre 1924.

Die Haushaltungsschule in Kreuzburg. Die Mädchen wurden noch, ohne lange zu fackeln, für die drei K's ausgebildet: Kinder, Küche, Kirche.

Eine Schulklasse um 1900 in Hohndorf, Kreis Habelschwerdt. Von heut her betrachtet eine "Mumiengalerie". Zurechtgepackt sind diese Kinder in großväterliche, großmütterliche Habite. Alles streng bis zum Händefalten. Nur die Füße zeugen von Leben.

Die Handarbeitslehrerin Urban mit ihren Schutzbefohlenen. In Neuweistritz 1926. Ist es Zufall, daß die Stoffmuster und Schnittarten der Kleider eine solche Vielfalt aufweisen?

Auch dies Bild eine Kleider-Schau, diesmal verbunden mit einer Charakter-Schau. Vom Jugendlich Sportlichen über den Salopp-Angelsächsischen bis zum Ordentlich-Seriösen.

DIE UNIVERSITÄT – DIE AKADEMIE

Schlesiens Standbein ist die Universität. Schlesiens Spielbein ist die Akademie. Von den Hochschulen, die Schlesien hervorgebracht hat, haben diese beiden weit über Schlesien hinaus gewirkt. Als Stand der Wissenschaft, als Spiel der Kunst. Die Universität, eine Idee des Philosophen Wilhelm von Humboldt, besteht seit 1811. Da hat sie der Preußenkönig Friedrich Wilhelm der Dritte gegründet. An Humboldts Idee hat er sich gehalten: aus dem Zusammenschluß einer evangelischen und einer katholischen Hohen Schule eine Simultane Hohe Schule zu machen. Die evangelische Hohe Schule war die 1506 in Frankfurt an der Oder gestiftete "Viadrina" (Oder), die katholische war die 1702 aus der Taufe gehobene "Leopoldina". Beide waren von 1811 an die Schlesische Friedrich-Wilhelms-Universität zu Breslau.
Die Akademie hat in der "Provinzialkunstschule" ihren Ursprung. Sie wurde 1791 vom Preußenkönig Friedrich Wilhelm dem Zweiten in einem Saale des "Matthiasstiftes", des späteren Matthiasgymnasiums, eröffnet. 1856 bekam sie ein eigenes Haus an der Stelle des einstigen Seminars und des ehemaligen Franziskanerklosters an der Ziegelbastion. 1872 wurde sie – berühmt mittlerweise durch Kunstlehrer wie Erler, Baluschek, Spiro – zu einer Kunstgewerbeschule gehievt. Diese "Kunst- und Kunstgewerbeschule", wie sie nun hieß, ging durch ihren illustren Schüler Gerhart Hauptmann – 1880 bis 1882 studierte er in ihrem Domizil – in die Weltliteratur ein. Der Kunstprofessor James Marshall diente dem Dramatiker Hauptmann für den "Collegen Crampton" zum Modell. 1889 kam der bekannte Architekt Hans Poelzig als Direktor an die inzwischen zu internationaler Bedeutung gewachsene Stätte der Bildkunst, an die Breslauer Kunstakademie, kurz genannt: "Die Akademie", Was 20 Jahre später das Staatliche Bauhaus in Weimar anstrebte, nahm er hier, als Motiv, voraus: "Kunst entsteht oberhalb aller Methoden, sie ist an sich nicht lehrbar, wohl aber das Handwerk". Namen wie Robert Bednorz, der Bildhauer, Isidor Aschheim, der Maler, Oskar Schlemmer, der Zeichner, Visionär Szeniker stehen seitdem für eine Stadt der künstlerischen Wegbereiter, die sich aus dem schlichten "Kasten" an der Holteihöhe in die Welt gebaut hat. Oskar Moll, seit 1925 Akademie-Direktor, Marg Moll, Georg Nerlich, Gerhard Neumann. Begriffe für Neuland im Umkreis der Entdeckung mit Pinsel, Meißel und Stift! Am vertrautesten bleibt der "Maler der Oder" in den Köpfen der Breslauer, der Schlesier, der Kunstfreunde überall: Otto Mueller, von Gerhart Hauptmanns Bruder Carl im Roman: "Einhart der Lächler" porträtiert.

DIE UNIVERSITÄT – DIE AKADEMIE

Groß gefeiert wurde 1911 das Hundertjährige Jubiläum der Breslauer Universität. Sie war 1811 im barocken Langhaus an der Oder, dem alten Sitz der "Leopoldina", als "Preußische Universität" neu gegründet worden. Buchweisheit in Ehren, aber Soldatengeist gehörte in Preußen – siehe Kronprinzen-Medaillon – dazu!

Unter der Büste Kaiser Wilhelms des Zweiten in Gardeducorps-Uniform, zwischen den musizierenden Bögen, Säulen und Skulpturen, sitzt die Hierarchie der Universität beim Akademischen Festakt anno 11.

Zu den aufmüpfigen Geistern, wie sie jede Universität zieren, zählte der Krongermanist Heinrich Hoffmann von Fallersleben, der Verfasser des Deutschlandliedes. (1798 – 1874). Die "Unpolitischen Lieder", die der Dichter-Wissenschafftler schrieb, kosteten ihn 1843 die Karriere. Er wurde nie Ordinarius.

Ebenfalls nie Ordentlicher Professor wurde der Germanist und Schriftsteller Gustav Freytag (1816 – 1895). Dafür ging er als Romancier und Begründer der Literarischen Landeskunde in die Dichtkunst, ins Gedächtnis der Lesenden ein.

Ein Stück Südosteuropa verkörperte der Breslauer Chirurg Johann v. Mikulicz-Radecki. (1850 – 1905). In Czernowitz als Kind polnisch-deutscher Eltern geboren, aufgewachsen unter Rumänen, Juden, Ungarn, Ruthenen, Polen und Deutschen, lehrte, operierte er in Breslau, weltberühmt, stets von zwei Polen und anderen ausländischen Ärzten assistiert. Vor dem Eingang der Klinik in Breslau steht diese von Artur Volkmann geschaffene Stele.

№ 595.

Wir Rektor und Senat

der Preußischen Universität zu Breslau

beurkunden durch dieses Abgangszeugnis, daß Herr

Andreas Liess

geboren zu Klein-Kniegnitz, Kreis Nimptsch

Sohn des Pastors Liess in Gross-Baudiss, Kreis Liegnitz

zu den akademischen Studien auf dem Gymnasium in Strehlen

vorbereitet auf den Grund des von demselben erhaltenen Zeugnisses der Reife

am 27. April 1922 bei uns immatrikuliert worden ist, sich seitdem bis zum heutigen Tage

als Studierender hier aufgehalten, und sich

„der Rechts- und Staatswissenschaften"

beflissen hat.

Während dieses Aufenthaltes hat derselbe bei unserer Universität die in dem beiliegenden Anmeldungsbuche verzeichneten Vorlesungen vorschriftsmäßig an- und soweit es erforderlich war, abgemeldet.

"Rektor und Senat der Preußischen Universität zu Breslau" attestieren, daß Herr Andreas Liess bei ihnen "immatrikuliert" worden ist.

Es blieb auch der 1904 von Hugo Lederer geschaffene Fechterbrunnen ein Inbild für die Universität, und was um sie herum war. Breslau/Fechterbrunnen – Inbegriff für Treffpunkt, nicht zu verfehlen!

Fechterbrunnen

Es gab manche Ein- und Ausgänge der "Uni", denn rasch nach dem Entstehen sprengte sie, durch die Institute, durch ihre neuen Wissenschaften, ihre altehrwürdige pathetische Residenz. Freilich, dieses Hauptportal mit dem Warten auf die Ergebnisse der Doktoranden und Hablititanden, blieb ein Platz der Begegnung, der Spannung.

Breslauer Studenten aus der Zeit um 1850.

So sahen die "Chargen" der BB (Breslauer Burschenschaft) Arminia aus. Als 1913 die hundertjährige Erinnerung an die Freiheitskriege in der Breslauer Jahrhunderthalle festlich begangen wurde, führten diese Chargierten hoch zu Roß den Fackelzug der Studenten an.

Die Alte Breslauer Burschenschaft der Raczeks hatte ein turbulentes Schicksal. Wegen ihrer Farbe Schwarz-Rot-Gold 1858 verboten, besaß sie wegen ihrer Liberalität, ihrer Opposition hinfort die größte Anziehungskraft. Von Ferdinand Lassalle bis zu Carl von Holtei gehörten ihr beste schlesische Köpfe an. Hier ein Raczek-Chargierter.

Das Haus der ABB der Raczeks, Breslau, Herzogstr. 2. Ein Kneipzimmer.

In der berühmten "Bucht" des Schweidnitzer Kellers, von ihren Wappen beschirmt, zechten die Studenten aller Couleurs.

Es verstand sich, daß man zum Fest auf der Wartburg, zur Erinnerung an das Jahr 1848 und die damalige studentische Revolte, zur Traditionsstätte seiner studentischen Korporation pilgerte.

Es verstand sich in der Männergesellschaft allerdings auch, daß man ab und an mit seinen "Damen" feierte.

Zusammen mit der Hundertjahrwiederkehr des Antinapoleon-Kampfes wurde 1913 auch das Regierungsjubiläum Kaiser Wilhelms des Zweiten gefeiert. Die studentischen Abordnungen, in "Wichs", in der Breslauer Jahrhunderthalle.

Sehr viele Studentinnen waren 1913 noch nicht auf den Universitäten. Ihre Emanzipation war noch nicht in Sicht. Für die studentischen Verbindungen existierten sie nicht. So mußten sie sich zu Studentinnenvereinen zusammenschließen. Hier feiert ein solcher Verein in Breslau ein Fest.

So sehr platzte die akademische Bildung aus ihren Nähten, daß die Einrichtung neuer Hochschulen notwendig wurde. 1910 entstand in Breslau am Oderufer die Technische Hochschule. Sie wurde am 29. 11. 1910 durch Seine Majestät den Kaiser persönlich eingeweiht.

Auf den kühnen, ins orientalische Formenalphabet vorstoßenden Architekten Hans Poelzig geht das Wachstum der Breslauer Kunstakademie zurück. Seit 1889 stand er an der Spitze des Breslauer Avantgardismus in der Kunst. Hier der Poelzigbau neben der Breslauer Jahrhunderthalle.

In diesem biederen Herrendreieck steckt ein Kern der Modernen Bildenden Kunst. Otto Mueller, Paul Klee, Oskar Moll, in Breslau, 1930. Die Breslauer Kunstakademie, seit fünf Jahren unterm Direktorat des grenzensprengenden Malers Oskar Moll, zählte zu ihren Professoren eine Garde ähnlich experementierfreudiger neulandsuchender Maler, Zeichner, Plastiker, Baumeister. Paul Klee, nicht zum Breslauer Lehrkörper gehörig, galt gleichwohl als extremer Inbegriff aller Tendenzen zur Vergeistigung der Kunst. Otto Mueller, der "Zigeuner-Mueller", war zu dieser Zeit schon eine Legende. Seine melancholisch-lyrischen Bilder von der Oder, von den Mädchen, von den Schilfen, von den Wolken, wurden als Symbole für Schlesiens einfache hintergründige Seele geliebt.

Otto Mueller:
Sitzende
Ein Holzschnitt.

Hans Scharoun setzte die architektonischen Expeditionen von Hans Poelzig fort. Er nahm sich des Betons als neuen Ausdrucksmittels an, schuf aus seinen unwirschen Profilen im Verein mit dem Glas neue Faszination der Baukunst wie die Philharmonie von Berlin.

Der Bildhauer Robert Bednorz, einer der expressiven Plastiker, gleichfalls Lehrer an der "Kiste", wie die äußerlich unscheinbare Kunstakademie an der Holteihöhe bewitzelt wurde.

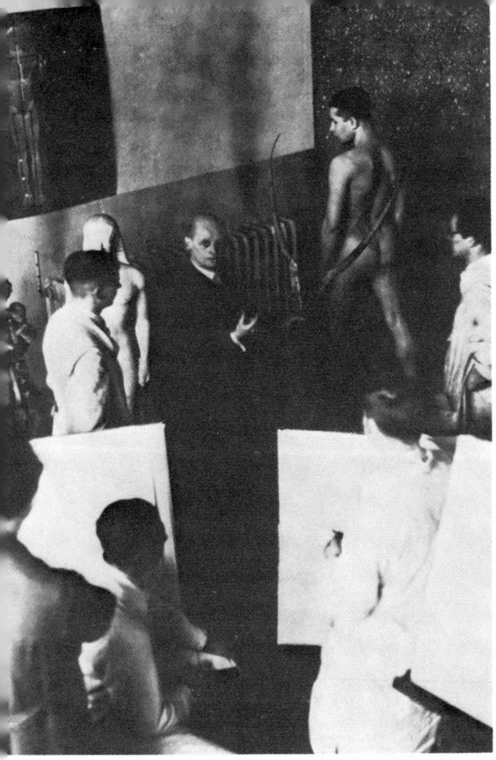

Oskar Schlemmer, Schöpfer eines neuen klassischen Menschenbildes, das Maschine und Technik positiv in die Psyche einbezieht, lehrt hier seine Studenten die Kunst des Akts.

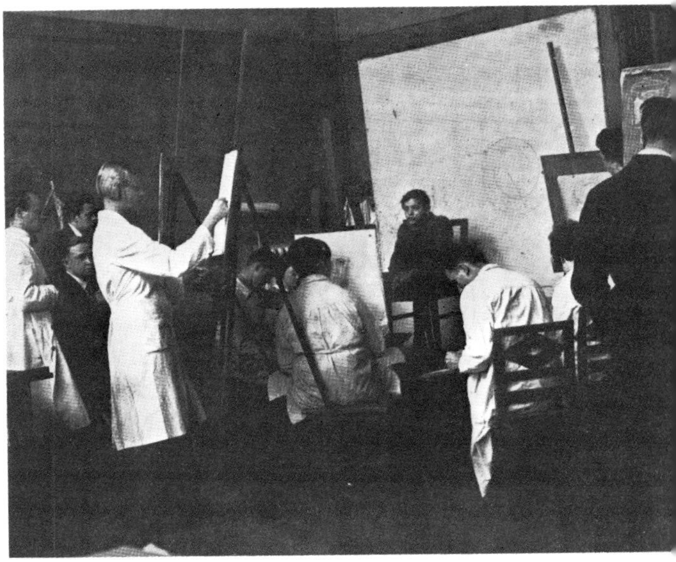

Hier unterrichtet Georg Muche, wie Schlemmer ein Verfechter des Gedankens: "Die Kunst stirbt nicht an der Technik figürlichen Zeichnens". Zu erkennen sind im Kreis dieser jungen Boheme die damaligen Studenten und späteren Meister Alexander Camaro, Paul Reisner, Horst Lange, Jonny Friedländer, Alfred Birnschein u. a.

JAHRESLAUF – LEBENSLAUF

Es ist jed schlesisch Zuhause
ein warmes Nest
ein Krug eine Klause
ein Tisch ein Fest

Doch hat jed' schlesisch Zuhause
auch einen Wandersmann
mit Hut und Mantel und Krause
und Stiefel an

Immer auch ein anderer ist der Schlesier. Immer auch als Armer ein Reicher, als Kleiner ein Großer, als Unscheinbarer ein Repräsentabler. Es mag seinen Grund in der Stimmung des Aufbruchs haben, in die er sich stets neu versetzt.
Stets neu bricht der Schlesier aus dem Alltag in den Sonntag auf, aus der Arbeit in die Freiheit, aus der Enge in die Weite.
Es mag ein Stück Vorzeit sein – das mag ihn rufen, ihn rütteln: BRICH AUF!
Jenes Stück Vorzeit, in dem dieses Land geworden ist. Jene Epoche der Großen Wanderung, in der es einst in dieses Land aufbrechen hieß.
Das schafft etwas Festliches.
Berichtet wird, daß sich manch' Schlesier, als es in den Krieg gegen Napoleon ging, das schmuckste Kleid anzog. Oder auch als es auf die Flucht ging – da hat sich manch Schlesier nicht nur in seine besten Kleider getan, da hat er sich auch noch mit seinen liebsten Büchern oder Marionetten behängt. Aufbruch ist Aufbruch – ob vom Samstag in den Tag des Herrn, ob vom Frieden in den Krieg, ob von seiner Erde in die Fremde.
Immer auch ein anderer ist der Schlesier. Das heißt: Immer auch ein Wesen, das nicht stehen bleibt, nicht auf seinem Platz verwelkt – das sich vielmehr, und deshalb drückt's dies in strahlenden Kleidern aus, stets wieder zu neuen Ufern bewegt.

Was wir heftig lange wünschen müssen,
und was wir nicht zu erhalten wissen,
prägt sich tiefer unserem Herzen ein.

ANNA LOUISE KARSCHIN

JAHRESLAUF – LEBENSLAUF

Die schmalen Münder, die hängenden Hände – bis in die Kleider sieht's hier nach harter Arbeit aus. Bei Ludwig Fläscher in Neuweistritz, Kr. Habelschwerdt, sprengt diese Schwere die Ordnung des Hofes und die Grazie des Arrangements.

Streng getrennt sind die Wochen- von den Sonntagen. Man zieht am Sonntag zum Ausflug seine Sonntags-Kleider, ja seinen Sonntags-Menschen an.

Mutter Okrob, Obernigk, geboren 1840, gestorben in den Dreißiger Jahren des Zwanzigsten Jahrhunderts.

Mit dunklen Augen,
Noch zaubervollen,
Sucht mich die Ahne,
Die grabverschollen.

Gerhart Baron

Eine festlich versammelte Familie vor dem Ersten Weltkrieg. Eng zusammengehäufelt in der herbstlichen Landschaft, scheint es, als ahnten diese Menschen, daß ein kommender Krieg sie wie viele anderen Familien auseinanderreißt.

Ein Oberförster mit seinen Enkelkindern im Jahre 1917. Die eine junge Frau arbeitete als Rotkreuzschwester in einem Lazarett. Das war in den höheren Kreisen üblich.

Eine Atelieraufnahme 1888. Ein schlesischer Eisenbahner aus Petersdorf, Riesengebirge, in Uniform mit seinem Sohn auf den Knien, stehend daneben Frau und Tochter.

Auf Schloß Fürstenstein postiert sich vor dem Ersten Weltkrieg eine Gruppe der Aristokratie. In der Mitte unter der Statue: Kronprinz Wilhelm von Preußen, daneben rechts Fürst von Pless und Fürstin Dagsy (mit Hut), neben ihr Graf von Hochberg (mit Brille), Bruder des Fürsten, neben dem Kronprinzen (links) König Konstantin von Griechenland, sitzend (Mitte) Kronprinzessin Cäcilie, darunter die Kinder der Fürsten-Familie.

Großmutter Rösner 1908 mit sechs von ihren neun Kindern in der "guten Stube" – diesem nur für festliche Gelegenheiten reserviertem Allerheiligsten der Wohnung – in Dittersbach, unter der Gasleuchte.

Ruhe nach der Arbeit, in der Arbeitsmontur des Försters, mit der langen waidmännischen Pfeife.

Das geringalkoholische untergärige Bier wurde Jung-Bier genannt. Es wurde aus dem Bottich ausgeschenkt. Für Kinder war's Spaß und Ehre zugleich, für die "Großen" diesen Trunk in der Kanne zu holen.

Eine ganze Welt voll Biedermeier, Traute-Heim-Kultur und Nesthäkchen-Romantik verbindet sich mit der "Gartenlaube". Zugleich – nach der gleichlautenden Zeitschrift – ist dieser Name ein Begriff für Stil geworden. Hier eine glückliche Familie vor der Gartenlaube.

Es war mit dem Wasser so eine Sache. Zum Beispiel mit dem Wasser zum Baden. Um's dafür zu erwärmen, stellte man die Wanne vor die Gartenlaube in die Sonne.

Feierabendvergnügen:
Erst werden Gemüsegarten, werden die Blumen begossen; dann geht's auf den Bummel in die Stadt: Chic im Kostüm mit den wattierten Schultern, der Marlene Dietrich abgeguckt.

Nicht nur zum Wasserschöpfen war solch ein Brunnen mit einem langen Schwengel allerorts Dorfmittelpunkt – er diente zuweilen auch als "Kühlschrank" für Milch, Quark und Sahne.

Der Briefträger kam nicht, wie heute, nur einmal, sondern dreimal am Tag. Die Karten hatte er meist schon vorm Empfänger gelesen. So konnte er oft schon von weitem glückstrahlend verkünden, daß ein "lieber" Besuch im Anzuge sei.

"Koarta Spiela beim Scheiner Schuster in Neuweistritz um 1910 ei dr grussa Stube". Links die "Schlesische heilige Ecke", ähnlich der "heiligen Ikonen-Ecke der Russen".

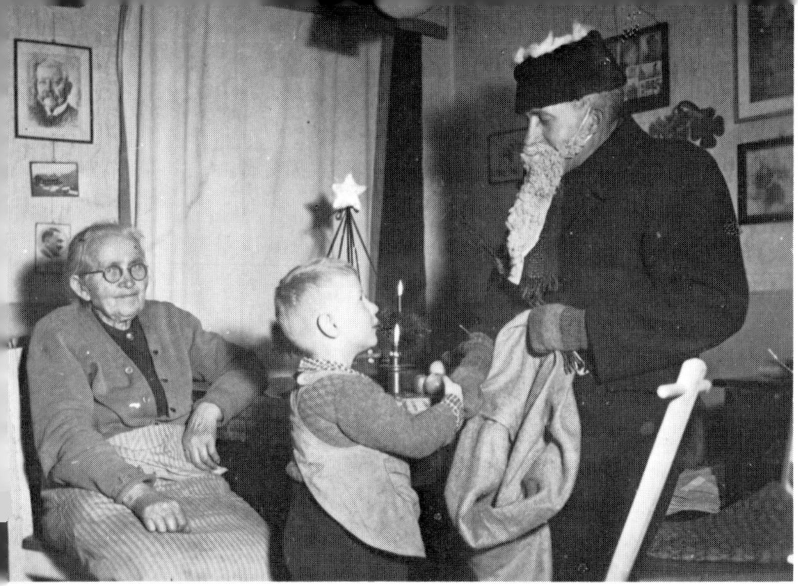

Sowohl christlich wie heidnisch ist der Nikolaus alias Ruprecht (rauher Percht). Hier, 1944, ist er für den Kleinen sicher unschwer als der verkleidete, apostelbärtige Opa zu erkennen.

Hier hat's 1931 – sicher nicht ohne einen vorherigen Brief an das Christkind – allerlei Gewünschtes unterm silber- und süß-behängten Christbaum gegeben: Kriegerisch' Tand für den Jungen, für's Mädchen die Puppe.

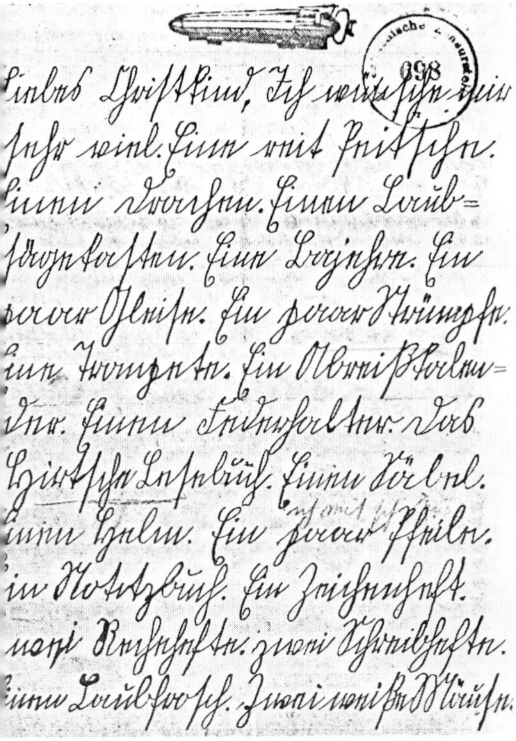

So oder ähnlich sah besagter Brief an das "liebe Christkind" aus. Gottlob war das "liebe Christkind" kein Rechtschreibe-Lehrer.

Die ganze Familie am Heiligen Abend. Daß die ganze Familie zu Weihnachten zusammenkam, war ein absolutes Muß.

Silvester wurde sehr ausgelassen und mit sehr viel "Pichelei" gefeiert. Und wer sich davon tüchtig ausschlafen wollte, der ging schon am Abend in die Heilige Messe. Dann brauchte er's am Neujahrsmorgen nicht mehr zu tun.

Es gab in Schlesien keine Tradition für die Fastnach oder den Karneval. Dafür gab's Kostümbälle im Januar und Februar, wofür man sich von einem von den vielen Kostümeausleihern etwas Extravagantes borgte.

Hier, beim Abschiedsball der Tanzschule Geyer in Neurode, gibt der "gute Ton" den Ton an. Da darf nicht gelacht, höchsten ein bißchen gelächelt werden.

Trachtenfeste gab's überall. Da konnte tief in den Kostümschrank der Geschichte gegriffen werden. Aber das Schönste waren solche Vermummungen, in denen man wild und verwegen wie jemand vom "Fahrenden Volk" aussah.

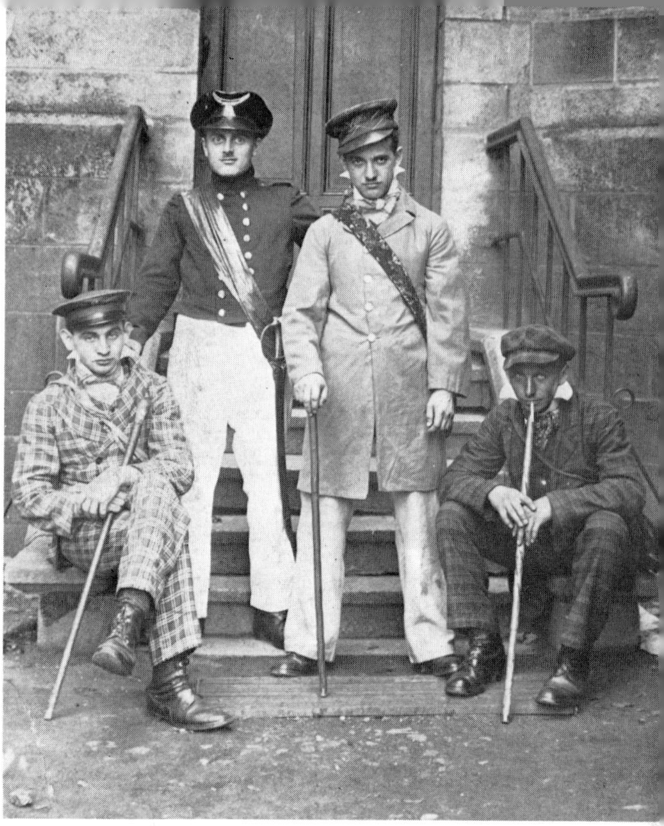

In Jauer gab's das Würstelfest mit großem Umzug. Hier zaubert die Trachtengruppe einen Hochzeitszug. Hinter dem Paar der Altertumsforscher Oskar Scholz.

Erntefest. Da wird der letzte Wagen, der vom Feld heimkommt, zum Erntewagen geschmückt. Da wird ein Knecht zu einer alten Frau vermummt. Das ist die "Haferalte". Da fährt man durch's ganze Dorf. Dann geht's zum Tanz.

Was wird hier gefeiert? Die Kutsche ist so pfropfvollgeladen, daß die Gäule streiken. Da muß ein Traktor her!

Sängerfeste!
Wie hier das Bundessängerfest in Breslau 1907!
Des Jahres hochrepräsentable Haupt- und Staatsaktion!

Achterbahn-Kringel,
Schaubuden-Schau,
Schlangen-Geringel,
Schwergewichtsfrau.

Reinspaziert alle!
Tingel und Gong!
In Tigers Kralle
Anna Mai Wong.

Erdbeer-Eis-Tulpe.
Mandel gebrannt.
Clown Willi Knulpe
lädt ein in sein Land.

Breslaus größtes Gaudi im Juni war das Johannisfest, in dessen Verrücktheiten eine seriöse Reitouvertüre führte.

Feldbesichtigung: Halb ernster Anlaß – den Wachstumsstand prüfen! – halb fröhliche Ausfahrt des Sonntags früh. Hier auf dem Rittergut Arnsdorf bei Glogau.

Außer den feinsten Daunen haben alle Federn einen Kiel. Der muß weg! Das nennt man Federnschleißen. Hier die Männer und Frauen von Köben haben's hinter sich. Jetzt gibt's Kaffee mit Streuselkuchen.

Stattlich vors große Tor staffiert die große Hochzeit. Ernste Gesichter wie bei einem Geschäftsabschluß. Wenn auf dem Hof Bauer oder Bäuerin sterben, muß ohne Sentimentalität zugeheiratet werden.

Hochzeit! Hochzeit! Das Haus feiert gleich mit!

Eine ganze Landschaft voll Zylinder!
Richard Kölbel: "Das ist meine Hochzeit aus dem Jahr 1928. Personen kann ich keine mehr angeben, denn es waren 110 Personen. Hier habe ich gezählt: 78."

In der Lutherkirche in Breslau: Ein Polizeioffizier macht Huxt! 1937.

Zu dem aus Anlaß unserer Vermählung am Montag, den 18. September, abends 8 Uhr, im Saale des Kath. Vereinshauses stattfindenden

Hochzeits-Kränzel

beehren wir uns, Sie nebst werten Angehörigen hierdurch ergebenst einzuladen.

Altweistritz, Habelschwerdt, im September 1933.

Martha Skrzipek
Friedrich Heinsch.

Die Silberhochzeit:
Die Familie (zehn Kinder – neun Mädchen, ein Junge) des Schumachermeisters Josef Grunwald aus Neurode im Eulengebirge, Innungsobermeister und Schuhgeschäftinhaber. Die Aufnahme stammt aus dem Jahr 1900.

Philemon und Baucis am Tage ihrer Goldenen Hochzeit in Brockau.

BAUERNHÖFE UND RITTERGÜTER

Hermann Stehr sieht im schlesischen "Bäuerlein" den schlesischen Menschen: ". . . in jedem Bäuerlein, dem man etwa von den unbegreiflichen Entfernungen und Dimensionen der Gestirne und dem in Myriaden gehenden Alter der Erde erzählt, hat man einen . . . echten Vertreter eines Stammes vor sich, dessen Art es ist, einem Meere zu gleichen, das aus lauter gegeneinander treibenden Wellen besteht. Sei dieser Bauer nun in der Grafschaft Glatz zu Hause oder um Jauer oder Ottmachau, ganz gleich. Wenn man zu erzählen aufgehört hat, wird er in betroffenem Schweigen einen Augenblick an einem vorbei ins Weite lugen. Dann ist es sicher wie das "Amen in der Kirche", daß er einem zunickt und sagt: "Ja, ja – nee, nee. Man solld's nich denken." Und man ist unsicher, wo das Hauptgewicht seines Ausrufes liegt: in der Ergriffenheit, dem furchtsamen Zweifel, dem freundlichen Spott oder in dem liebenswürdigen Widerspruch.
Es ist ein Schlesier wie der andere. Ihre Augen sehen nicht in einer Richtung, sondern gleichsam ohne zu schielen, gegeneinander; sie stehen stets auf zwei Polen, haben Rechts und Links in jeder Hand, sind aus Vielgestaltigkeit manchmal unsicher und nicht stets aktiv und verlieren sich nicht selten nach anfänglichem Kargrun gutmütig an jeden, der ein halbwegs ehrliches Schild trägt – allerdings, um sich unbemerkt und geräuschlos wieder zurückzunehmen, bereichert um die Nuance des Wesens, mit dem sie sich vorübergehend verschwisterten."

Es ist schön, daß Hermann Stehr das "schlesische Bäuerlein" für den "schlesischen Menschen" nimmt. Es ist die Reverenz, die der Künstler dem erweist, der arm ist. Denn der schlesische Bauer ist erst spät zu seiner Freiheit gekommen. Das hängt mit dem Ursprung Schlesiens zusammen, dem Zusammenfluß slawischen und deutschen Lebens zu einem gemeinsamen ethnischen Strom im Land an der Oder. In der mittelalterlichen Ära der Siedlungen herrschten monarchische Methoden. Schlesien ist eine tschechisch-polnische Adelsrepublik gewesen. In diese Versammlung zerstrittener Kleinfürsten kommt die westliche Kultur-Invasion – kommen die Mönche, die Bauern der Ritter aus dem, was man später als Frankreich und Deutschland angesehen hat.

So wird dieses alte Land Schlesien zu einem neuen Land Schlesien. Sein Boden wird neu verteilt. Aber die Herren des hartnäckigen Besitzes bleiben die Befehlshaber. Freilich jedoch ist es ihnen recht, wenn ihr Besitz möglichst viel erbringt; daß er, durch rationale Kolonisation, zu einem profitablen Ausbeut-Gebiet gemacht wird. Die Männer, die diese Kleinfürsten dafür als Vögte einsetzen, werden Locatoren genannt. Es sind Ritter aus der Provence, aus Thüringen, aus der Pfalz. Erfahrene Landwirte, zugleich auf eigene Macht bedachte Sub-Monarchen. Sie schaffen Ordnung – legen Dörfer und Städte an. Es gibt bei ihnen auch den Zusammenschluß des chthonischen und kolonisierenden Volkes. Aber, trotz der agrikulturellen Melioration, gibt es nach wie vor – wie die Historikerin Gertrud Dyrenfurt es formuliert – "Die Machtverteilung der Grundherrschaften, denen durch keine über den Ständen stehende Regierungsgewalt Schranken gesetzt wurden, sie "drückte allmählich deutsche und slawische Gemeinden in stete Abhängigkeit herab". Der schlesische Bauer kommt eben dadurch erst spät zu seiner Freiheit. Die Locatoren sind die nachmaligen Ritter der Rittergüter, die bis 1945 bestehen.

Friedrich der Große, gram wegen der Not der schlesischen Bauern, hat 1773 geäußert: "Dieser Zustand, nach dem die Bauern dem Acker angehören und Knechte ihrer Edelleute sind, ist unter allen der unglücklichste und ein solcher, wogen sich der Mensch am meisten empört." "Aber", hat er hinzugefügt, "es läßt sich ein solcher nicht auf einmal abschaffen."

So blieb ein Rest Fronde in diesen schlesischen Bauern. Was freilich – tragisch und widersprüchlich: laut Hermann Stehr – zum Symbol dieses schlesischen Bauern für den schlesischen Menschen geführt hat.

BAUERNHÖFE UND RITTERGÜTER

Eine Bauernfamilie vor ihrem - für schlesische Verhältnisse stattlichen – Haus. Kugelrund die vier kleineren Kinder. Die Bauersleut' drahtige, aber fröhliche Schaffer. Dem älteren Mädchen und dem ältesten Buben mit seiner prächtigen Ziege sieht man an, daß sie schon hart zupacken müssen.

Ein Gehöft mit "Personal". Mägde und Knechte, wozu auch Kinder zählen. Ein Pferd als Hauptarbeitstier gehört dazu!

Besuch aus der Stadt ist gekommen. Der Abstand wird sichtbar, der trotz engster und innigster Familienbande zwischen Stadt und Land besteht.

Die Versorgung von Schweinen und Federvieh – an der Wand hängt die berühmte "Hühnerleiter" – war von je her Frauensache. Geradezu mütterlich werden hier kleine Ferkel betreut.

Ochsenfuhrwerk aus dem "Glatzer Ländle". Neben Pferden waren Ochsen die üblichen Zugtiere. Nicht so edel zwar, aber genauso stark; und ihrer Hörner wegen nicht ungefährlich.
Durchgehende Gäule und wildgewordene Ochsen sind nicht selten Verursacher von Verkehrsunfällen gewesen.

Zugochsen sind liebevoll benamste Tiere. "Fürst Bismarck" und "Kaiser Wilhelm der Große" hießen zwei von ihnen auf dem Gut meines Großvaters in Leschnitz, der "Ruh' ". Wie mögen diese beiden Prachtexemplare hier heißen?

Wo's Ochsen gibt, gibt's auch Kühe. Die Milch wird zweimal am Tag auf ganz individuell zusammengestellten Leiterwagen zur Sammelstelle gebracht.

Der Besitz eines Pferdes war für einen Bauern das erste Symbol des Wohlstandes. Bauer Lobitzky aus Weigritz, Kreis Breslau, mit Mutterstute und Fohlen, aber auch mit einem Deckhengst.

Schön ist's, vom Habelschwerdter Kamm auf das Reichenbacher Gebirge zu schauen – mit einem "pflügenden Triumvirat".

Karl Neumann auf dem Weg von Brand nach dem Bahnhof Habelschwerdt mit einer kunstvoll geschichteten schweren Holzfuhre.

Dies Pferdchen, klein und struppig und wollig, erinnert an die zähen gutmütigen Panje-Pferde der Kosaken.

Schlesischer Bauer beim Säen. Der Sohn muß mithelfen. Er lenkt die Pferde.

Bei der Feldarbeit, beim Walzen. Das ausgesäte Korn wird dabei im Boden festgedrückt.

Eine erste, noch ganz einfache Maschine für die Getreideernte – "Ableger" genannt. Das gemähte Korn wird durch rotierende Rechen portionsweise auf die Seite gelegt. Es wird "abgelegt", wie man sagt. Die Garben müssen dann aber doch von der Hand gebunden werden.

Bauernarbeit ist Nicht-leicht-Geld-verdienen! Heufuderladen!
"Eine Armvoll rum,
die andere num,
die dritte in die Mitte!"
So heißt's im Volksspruch. Da staunt der "Besuch aus der Stadt"!

Im Garten hinter dem Haus wird Futter geschnitten. Wenn die Sense stumpf ist, muß sie mit dem Wetzstein gewetzt werden.

Die Scharten an der Sense müssen nach Feierabend ausgedengelt werden. Genüßlich auf dem Dengelbock sitzend wird das Sensenblatt mit dem schweren kurzen Hammer geradegeklopft. Der helle Klang der schnell aufeinanderfolgenden Schläge erfüllt am Abend das ganze Dorf.

Vier Grazien in Siegespose! Sie haben Stecheisen in den Händen. Wem rücken sie wohl mit ihren Stecheisen auf den Leib?

Klar, was diese Bauernfamilie tut. Sie ist beim "Rübenverziehen"!

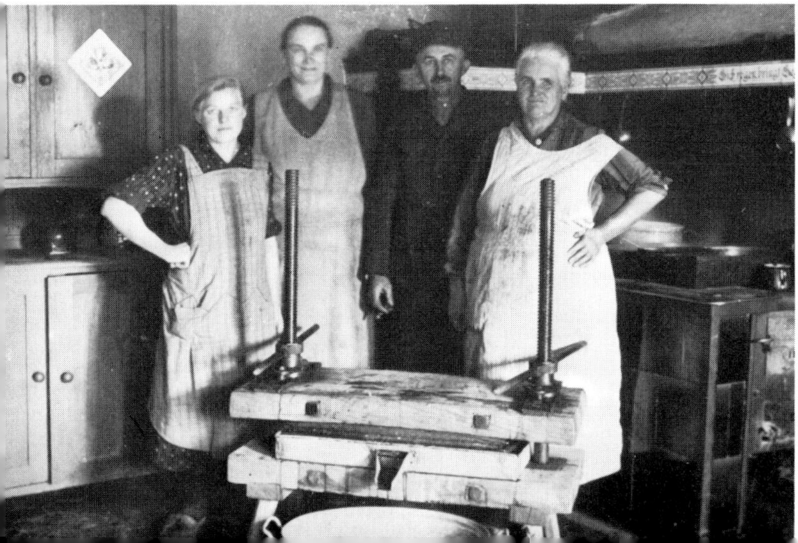

Beim Sirupkochen! Obstsaft wird gepreßt. Er wird dann stunden-, oft tagelang zu Sirup eingedickt. Das gibt köstlichen rostroten Aufstrich aufs Brot! Die Frau rechts im Bild wird "Stütze" genannt. Es ist der Ausdruck für eine Wirtschafterin.

Mit der Kartoffelhacke bei der Kartoffellese. Das ist bei schönem klaren Herbstwetter eine fröhliche, gesellige Arbeit. Aber bei Regen, bei Kälte . . .

Kaffeepause bei der Kartoffelernte mit Tippel, Wurstbrot und Gurkenglas.

Zwei spielende Mädchen auf einer typischen schlesischen Schubkarre. "Raber" genannt.

Zwei Frauen beim Spinnen in der Wohnküche. Die "gute Stube" wurde – wenn vorhanden! – nur zu feierlichsten Anlässen benutzt. Das Spinnrad hat in Schlesien den bezugreichen Namen "Der Geist".

Der "Rockagang", das gemeinsame Spinnen im Winter, fand natürlich nicht wie hier im Freien statt. Vielmehr saß man in der warmen Stube und erzählte sich Gruselgeschichten und sang Lieder.

Es geschah dabei auch, daß Burschen kamen, einen mit Asche gefüllten "Oschatopp" durch die aufgerissene Tür in die ahnungslose Gesellschaft warfen und dafür von den Mädchen, die ihnen nachjagten, hereingezerrt und mit Wasser begossen wurden. Danach – derart bestraft – durften sie "mitschwatzen" und Kaffee trinken. Der Kaffee schloß stets einen "Rockagang" ab.

Die Winterarbeit der Männer war großenteils Waldarbeit. Im Gehöft von Alfred Fuchs in Nitschendorf, Kreis Schweidnitz, ist das Personal beim Hacken von Reisig zu sehen. Das Reisig wird zu "Gebunden" zusammengepreßt.

Ein Schäfer mit seinen frischgeschorenen Schafen. Oft frieren die kahlen Schafe in der Juni-Kälte. Deshalb wird diese Juni-Kälte bis heute Schafskälte genannt.

Dreimal bäuerliche Arbeitspause: Einmal unkompliziert und fröhlich am Rand eines Rübenfeldes. Das andere Mal, eine Generation früher, ein bißchen gestellt beim "Angelus dei", beim "Engel des Herrn". Dreimal am Tag, morgens, mittags, abends, läuteten die Kirchenglocken und verschafften so den Landarbeitern eine Verschnaufpause, gegen die kein "Herr" etwas einzuwenden gewagt hätte. Drittens: Die Technik hat neue Cäsuren geschaffen. Beim Rattern und Schnaufen des herannahenden Zuges streckt alles den Rücken und schaut dem Zug nach, als wär' es das erste Mal.

Der Bauer Viebig aus Nitschendorf, Kreis Schweidnitz, ist offensichtlich wohlhabend; er beschäftigt nicht nur zwei Kutscher, sondern hat auch für jedes seiner Kinder einen Pferderücken zu seinem Eigen.

Der gleiche Bauer beim Düngerstreuen. Dahinter ein Gespann mit einer modernen Egge.

Ein Herrenvorwerk bei Reichenbach. Es besitzt 80 ha Land. Ein wohlhabender freier Bauer gründet in der Nähe eines Rittergutes ein eigenes größeres Gut.

Der Kuhstall des Herrenvorwerkes.

Die Rittergüter spielen eine große Rolle in der schlesischen Landwirtschaft. Von den Rittergütern gehen Bestrebungen zur Modernisierung, ja Verwissenschaftlichung der Agronomie aus, denn sie werden von studierten Landwirten geleitet. Zu einem Rittergut – im Mittelalter "Lehen" genannt; weil es als Dank einem Ritter zum "Lehen", zum königlichen Lohn für tapferen Einsatz gegeben wurde – gehörte in der Regel eine sehr wertvolle Schloßanlage, wie hier in Zyrowa. Sie stand oft in krassem Gegensatz zu den Behausungen der Verwalter und des Gesindes.

Auf dem Wege ins Jagdrevier – der Jagdaufseher Kraja vom Revier Rothwasser. Die Görlitzer Heide war eines der größten zusammenhängenden Wald- und Jagdgebiete Deutschlands.

Wer in den Wäldern jagen dürfe, das ist ein uralter Streit. Die Herren haben ihn natürlich für sich entschieden. Daraufhin freilich haben sich die Bauern mit "Wildern" schadlos gehalten. Am harmonischsten war's, wenn alle gemeinsam zur Jagd gingen – die Herren als Jäger und die Bauern als Treiber.

Um 1930 bei Forstarbeiten im Bränder Revier: Frauen, z. T. mit schweren Geräten. Rechts und links gerahmt von Männern. Forstleuten mit Stöcken. Deutlich von der Arbeitskleidung der Forstarbeiterinnen hebt sich die Tracht der Frau des Hegemeisters ab, des Chefs des Reviers.

Auf diesem Rittergut ist Joseph von Eichendorff geboren (1788 – 1857). Es liegt neun Kilometer von Ratibor entfernt auf einer Höhe über der jungen Oder, wo der Fluß durch die Mährische Pforte Schlesien betritt. Es heißt Lubowitz. Zweifach geprägt ist Joseph von Eichendorff durch seine Abstammung von einem Rittergut, einem Schloß. Einmal gab sie ihm die Enge der gesellschaftlichen Konvention, in die er eingebunden war. Zum anderen bot sie ihm die Weite der Natur, in der er aufwachsen konnte.

Josef von Eichendorff:

DER ALTE GARTEN

Kaiserkron' und Päonien rot,
Die müssen verzaubert sein,
Denn Vater und Mutter sind lange tot,
Was blühen sie hier so allein?

Der Springbrunnen plaudert noch immerfort
Von der alten, schönen Zeit,
Eine Frau sitzt eingeschlafen dort,
Ihre Locken bedecken ihr Kleid.

Sie hat eine Laute in der Hand,
Als ob sie im Schlafe spricht,
mir ist, als hätt ich sie sonst gekannt –
Still, geh' vorbei und weck sie nicht!

Und wenn es dunkelt das Thal entlang,
Streift sie die Saiten sacht,
Da gibt's einen wunderbaren Klang
Durch den Garten die ganze Nacht.

Heim ziehen wir im Abendschein.
Bald wird es Feierabend sein.

DIE ODER

Auf deinem Strom
huckepack
Breslau dein Dom
dein Kosak

Reiten? Wohin?
Wo ist Gott?
Herzmittendrin
Hüh und hott

Die Oder ist Schlesiens Physik und Metaphysik. In ihr spürt man Schlesiens Unruhe, in ihr spürt man Schlesiens Ruhe. Der Oder liebstes Kind ist der Oderkahn. Schönheit, Arbeit, Freizeit gibt er. Aber er gibt auch die Weisheit. Da wo die Oder ist, sind Schönheit der Natur und Kultur, Arbeit auf dem Kahn und mit dem Kahn und Freizeit des Verweilens, des Genießens, des Träumens eins. Eins – ein Einheit des Sinns jenseits unseres Sinnens – ist aber auch, was unaussagbar ist. Wir fuhren als Buben gern auf dem Oderkahn. Die Oderkapitäne nahmen uns – samt unseren Fahrrädern – auf. Wir kamen dann leichter, aber auch besonnener nach Crossen, nach Stettin. Besonnener: weil viel Zeit war: denn, als "Entgelt", durften wir dem Oderkapitän etwas aus unserer Schulweisheit erzählen. Eindrucksvoller war freilich, was er, der Oderkapitän, uns daraufhin von sich, von seinem Gestern, von seinem Morgen, erzählte – eines Abends, als wir auf dem Sand aufgelaufen waren, so wenig Wasser gab's, erzählte er uns seine schönste Geschichte. Das sei nämlich schon ein Vorgeschmack von dem, was komme. So auf dem Grund mit seinem Kahn. So begann er. Und so fuhr er fort: Es sei ein Meer. Da lägen sie alle auf dem Grunde mit ihren Kähnen. Aber es sei nichts Schreckliches. Es sei etwas Schönes. Man stehe immer wieder auf. Um immer wieder so auf dem Grunde zu liegen. Während der Jahre seines Weltumfahrens sei er auch einmal so auf dem Grunde des Meeres gelegen. Wie auf dem Grunde des Stromes jetzt. Aber dann sei er doch wieder aufgestanden und nachhause gekommen, nach Cosel, zu seiner Mutter. Jung nach seiner Kaiserlichen Matrosen-Kriegszeit 1914/18 sei er damals noch gewesen. Er hätte noch etwas werden können damals. Ein größerer Kapitän. Oder ein kolossaler Gastwirt. Ein Boß mit sehr viel Penunse, vor dem man Angst kriege. Aber es sei ihm, seitdem er diesen Oderkahn habe, diesen "Albrecht Achilles", als sei dies Vergangenheit und Gegenwart und Zukunft, als sei dies Wiege und Leben und Sarg. "Wozu soll ich noch etwas werden?" sagte ich zu mir, "Ich bin es ja schon."

Oder
in Gräsern
schwertgrün und blau
schwermutvoll gläsern
schlummernde
Frau

– sitzen an der Oder mitten in der Stadt Breslau, im Rücken Lärm und Getriebe, vorm Auge das ruhige Wasser und die stille Insel des Doms –

DIE ODER

Kapitän auf dem Oderdampfer CÄSAR WOLLHEIM, ein König auf seinem fahrenden Reich. Gelassen, aufrecht, geheimnisvoll.

Dieser Dampfer, der hier, ein Fürst, seiner Suite vorandampft, hat den stolzen Namen FRIEDRICH DER GROSSE.

Der Heckraddampfer SCHLESIEN zieht "Volldampf voraus die Oder zu Berg" an einem Oderdorf vorbei. Das Gasthaus "Oderhof" lockt vergebens mit Korn und Bier.

Dieser Kahn hieß auch SCHLESIEN. Seine Heimat war Köben. Sein Besitzer: Ferdinand von Humbroich.

So geht's auf dem Motorschiff STADT STEINAU zu, wenn man Passagiere mitnimmt. Zwischen Fässern und Kisten Urlaubsstimmung. Allerdings mit der steten Sorge, durch Ruß und Dreck die Kleider zu malträtieren.

Dieser Schleppkahn heißt PAULA ILS. Früher hieß er GERTRUD. Kähne wurden bei Besitzerwechseln umgetauft. Er liegt in Berlin am Bellevue-Ufer/Spreekanal, beladen mit 520 to losem Weizen.

Ebenfalls zur Reederei-Dynastie Schönfeld aus Steinau gehört die FREIHEIT. Sie liegt hier im Eis. Vollbeladen mit Rohzucker. Zwei Monate in Neusalz. Auf der Reise von Maltsch nach Travemünde.

Wenn im Winter die ersten vereinzelten Eisschollen treiben, auf denen Eiskristalle wie weißer Flaum wachsen, geht es von Mund zu Mund: DIE BRIEGER GÄNSE SIND DA! Mit zunehmender Kälte wird das Eis dicker, kantiger und böser. Splitternd schiebt es sich aufeinander, blockiert den ganzen Fluß, türmt sich am Ufer hoch – in unentwegtem Krachen, Knacken, Seufzen, Jaulen -

Wenn das Eis auf der Oder zum Stehen gekommen ist, sind die Schiffer – notgedrungen – arbeitslos. Das bringt aber auch immer eine frohe Zeit. Denn dann finden die Familien, die Dörfer, wieder zusammen und feiern. Sie feiern den Schifferball. Hier, in Köben, wird ein Schiffsmodell mit Zylinder und Trara durch die Straßen zum Festsaal getragen. Es wird an die Decke gehängt. Unter ihm werden Ehen geschlossen. Schiffseigner, Bootsleute, Schiffsjungen, Alt und Jung – alles macht mit.

Im Frühjahr und Herbst – Oderüberschwemmung! Ein ländliches Venedig überall! Da freuen sich die Kinder, aber noch mehr die Enten und Gänse, deren Revier ungeahnte Dimensionen annimmt.

In Cosel beginnt die Oderschiffahrt. Von hier aus wird die Kohle verschifft. Hierher bringen die zurückkehrenden Kähne Erze aus Schweden. Eine der größten Binnenschiffahrtswerften war in Cosel.

Die Oder in Breslau läuft durch Brücken; deren bekannteste ist die Kaiserbrücke. Nach dem Ersten Weltkrieg Freiheitsbrücke getauft. Gewiß im Blick auf die Neue Republik, aber sicher zu Recht auch in der Erinnerung an die Geschichte der Stadt. Breslau war im 14. Jahrhundert Mitglied der Hanse wie Nowgorod und Rotterdam und verstand sich als Souverän. Es nannte sich trotz der in der Stadt residierenden Fürstbischöfe, Herzöge, ja Könige: Republik.

Wenn die Schiffe Breslau in weitem Bogen auf Kanälen umfahren haben, "ziehen gelassen die ganz versunkenen Ufer vorüber. Die Einsamkeit wird greifbar und groß". So sagt's der Dichter Ernst Günther Bleisch.

Wirtschaftlich hat die Oder einen eminenten Einfluß auf die verarbeitende Industrie ausgeübt. Denn die Industrie braucht Wasser, über die Erzeugung von Kraft hinaus. So ist die Textilherstellung, die Leinenweberei, die Färberei ohne die Gebirgswasser undenkbar, wie sie die Oder mit sich führt. Aber desgleichen benötigen Papierindustrien den Strom. Hier die Cellulosefabrik in Maltsch.

Zur Rechten grüßt das Kloster Leubus. Majestätischer Klosterbau, zu vergleichen dem Spanischen Escorial. Barocke Präsentation kirchlicher und weltlicher Macht. Zentrum der schlesischen Kultur. Pittoresk ausgeschmückt unter anderem mit Fresken von Michael Willmann.

Man sagt von diesem Dyhernfurth, es habe schon im 15. Jahrhundert die Gerechtsame für eine Oderfähre erhalten. Überhaupt habe sich hier der Große Zug von Westen nach Osten über die Oder begeben. Carl Gottfried Langhans baute 1780 das neugotische "Kalifen"-Schloß.

Auch diese Köbener Fähre liegt an historischer Stelle. 1228 gegründet, ist sie bis 1945 erhalten geblieben. "Der Großprahm erwies seinen letzten Dienst den Flüchtlingen von der rechten Oderseite. Danach wurde das Fährseil von den Köbenern gekappt." Daran erinnert sich der Fährmeister Walter Pohl.

Oderpartie mit Hafen und Sägewerk in Steinau. Eine jener typischen Eisenbahnbrükken, die Jochen Klepper meint, wenn er vom Hochwasser berichtet: "Kommen wir noch unter den Brücken hindurch? Alle fühlten die Pfeiler unter dem Ansturm der Wassermengen beben und waren bedrückt, daß Wasser und Kahn nur noch so flach unter der Brücke hindurchkrochen".

Der Dampfer CÄSAR WOLLHEIM hat in Glogau festgemacht. Andreas Gryphius (1616 – 1664) ist hier geboren, war hier Regierender Bürgermeister und schrieb hier – unterm Gram des Dreißigjährigen Krieges:
"Als Glogau ganz in Grau verfallen, ließ mich Gott
Beschreiten diese Welt; nun grimme Kriegsnot
So Land als Stadt verheeret, ruft Gott mich wieder ein
Und heißt das zweite Land mein einzig Sorgen sein."

Beuthen an der Oder – auch "Kuhbeuthen" genannt. Zur Unterscheidung von Beuthen/Oberschlesien. Drei Türme: Romanisch, gotisch, barock.

Aus Eichendorffs Tagebuch, 13. November 1809:

"Gleich bei Beuthen passierten wir ein furchtbares Wehr glücklich. Gen 9 Uhr segelten wir bei dem Marktflekken Carolath (dem Fürsten von Schönaich gehörig) vorbei. Das große, ritterliche Schloß des Fürsten mit dem Burgwege und der langen Front paradiert nebst den dazugehörigen Glashäusern und Gärten herrlich auf einem Berge über der Oder."

Neusalz hat seinen Namen von der ersten Seesalzsiederei auf schlesischem Boden. Europas größte Garnfabrik war hier. Dazu Hüttenwerke zum Gewinn von Raseneisenerz – das nördlichste Industriezentrum Schlesiens. Hier wird Holz eingefahren.

Wer kennt die Nebenflüsse der Oder?
Links der Oder: Oppa, Zinna, Hotzenplotz, Glatzer Neisse, Ohle, Lohe, Weistritz, Katzbach, der Bober mit dem Queis und die Lausitzer Neisse.
Rechts der Oder: Ostrawitza, Olsa, Ruda, Birawka, Klodnitz, Malapane, Stober, Weide, Bartsch und die Warthe mit der Netze.
Dies hier ist die Weistritz bei Protschkenhain.

Die Oder hat nicht nur Arbeit gebracht. Sie hat auch und vor allem für die Städter Erholung und Vergnügen beschert. Ausflugsdampfer warten in Breslau auf Gäste.

Und so tuckerte man stadtauswärts zu den Ausflugslokalen: Oderschlößchen, Wilhelmshafen, Strachate.

In Breslau konnte man stundenlang am Wasser entlanggehen. Entlang an den Oderarmen, am Stadtgraben, über Brücken und Stege, vorbei an Schleusen und Wasserrädern. Das Wasser hat gleichermaßen beruhigt und angeregt.

Gewiß ist die Oder daran schuld, daß in Breslau so viel "gegriebelt" wurde. Der epische Fluß als Symbol des Lebens. Die lyrischen Brücken als Inbilder der Freundschaft.

Bisweilen war die Oder in Breslau ein Ruder-Doroda. Dann ruder-regatteten hier Schüler, Studenten, Kolping-Gesellen und sonstige christliche und freigeistige junge Männer. Schreie von Steuerleuten in der Luft. Ein Zickzack von Frische, Freude, Energie. Und der Zuschauer durften sie in Fülle gewiß sein.

Oder es sitzt einer einsam in einer Oderbucht

Selten kam es vor, daß die Oder ganz zufror. Aber dann gab es ein Volksfest. Selbstsicher stellen sich die vier in Pose, als hätten sie höchstpersönlich den Fluß wie einen Löwen besiegt.

Drei Generationen von Weiblichkeit statten der Mutter Oder einen Besuch ab.

Vorüber an Freude und Trübnis,
dorfentlang und städtehindurch,
fließt unwandelbar durch die Strömung der Zeiten
die Oder
mit ihren unerschöpflichen Wassern,
ihrem unaufhaltsamen Wogengang,
ihrer unversieglich treibenden Kraft.

Sacht fließt sie dahin, ruhig verströmt sie sich
in die weite, ebene Landschaft,
Lastschiffe und Mühlen treibend
und tränkend die durstige Erde.
Ihr Fließen
ist leidenschaftsloser Gesang,
der selten nur anschwillt zum Donnerton
der weit alles Land überschwemmenden Flut.
Sie ist die schlichteste und unbesungenste
Schwester unter den großen Flüssen,
zu wenig geliebt und entdeckt in ihrem herben verhaltenen Reiz.
Und doch
überweht sie unendlicher Klang.
Melodie der Vergangenheit schwebt über ihr,
Holzflösser sangen ihr Lied vor Jahrhunderten schon.
Die Brücken erdröhnten vom Marschschritt der Söldner.
Krieg raste hinweg über sie, und Friede umgrünte sie neu.
Sommer kräuselte lind ihre gleitende Fläche,
und Winter gefror sie zu Eis.
Die Eisdecke barst.
Föhn strich darüber.
Schlepperdampfer baggerten schaumig die Flut.
Schwalben und Nachtvögel streiften den glitzernden Spiegel,
in den sich die Wolken und Sterne verschütteten.

Alle Lieder des Jahres
begleiteten sie auf dem Wege zum Meere,
und sommernächtlich wurde sie selber zum Lied.

Hans Niekrawietz

DIE HANDWERKER

Die Scheibe läuft
Der Finger formt und lenkt
Schlank wächst der feinste Krug aus grauer Erde
Gestalten ruhn
in allem Sein
Der Weise strebt
daß er der Bildner werde
So nenn ich Töpfer jeden –
mich wie dich –
laß nur den Formdrang deiner Finger gleiten
Es kann ein jeder
aus dem eignen Ich
das köstlichste Gefäß bereiten

Kristine Späth

Kristine Späth, Schülerin der Keramischen Hochschule in Bunzlau, schrieb, neben Meditationen über die Töpferei, ein Kompendium über die "Töpferei in Schlesien". In diesem 1979 in München erschienenen Werk steht die Geschichte jenes "Archipels Ton", der in Schlesien einen Kern klassischen Handwerks bildete – er reichte von Steinau bis Kamenz, von Goldberg bis Freiwaldau. Also das Herz Schlesiens umfaßte er mit seiner Solidität, mit seiner Ästhetik. Gewiß haben alle klassischen Handwerke in Schlesien ihre Provinzen; das Weberhandwerk besitzt in Gerhart Hauptmanns "Webern" sein Schicksalsbild. Noch bis zum Ende des Zweiten Weltkrieges haben Wanderer in Hermsdorf und Agnetendorf, aber vor allem in Langenbielau in jedem schlesischen Einwohner einen "alten Hilse" oder einen "Dreißiger" gesehen, die Antipoden des dramatischen Ringens im Weberaufstand zu Beginn der Zweiten Industriellen Revolution.

Aber die Töpferei, über die anderen schlesischen klassischen Handwerke hinaus, hat sich die ganze Welt erobert. Von Japan bis nach Argentinien sind, angelockt von den Professoren des Schönen Keramischen Stils, junge Menschen zur Hochschule der Bunzelkunst gepilgert. Das war die Weltweite dieses Lehr- und Lernzentrums.

Das Andere war dies: daß die Bunzlauer Kaffeekanne, dieses Zentrums Ergebnis, zum Symbol wurde. Sie wurde zum Symbol für den schlesischen Menschen. Friedrich Bischoff hat dies bewirkt.

In der Ofenröhre, wo es schmorend schmauchte,
Duft der Äpfel, der sich heut noch schmecken läßt,
Hockte Sie, die brave, braungebauchte,
Kaffeekanne, wie die Glucke warm im Nest.

Urgroßvater hatte schon am Henkel
Sich die gichtigen Finger gern gewärmt,
Und nun tat es frostverklammt der Enkel,
Wenn die Schneeballschlacht im Dorf verlärmt.

Mutter hatte ihm davon erzählt,
Wie ein solches Ding in Töpfers Händen
Mählich sich dem Sinn vermählt,
Ein Gefäß zu sein mit runden Wänden.

Und die Jungenshand, die Schnee geballt,
Fühlte heimlich nach der alten Kanne,
Deckel, Wölbung — eine Fingerspanne —
Suchte sie das Weltgeheimnis der Gestalt.

Doch die stumme Alterlauchte
Bog sich nur, um Kaffee einzuschenken.
Und der Junge trank, indes sie würzig rauchte,
Und der Schöpfung Traum blieb, niemals auszudenken.

DIE HANDWERKER

Täglich das gleiche: Klumpen frischen Tons auf die Scheibe — aufbrechen — auseinanderziehen — zusammengreifen — hochziehen — aber es muß ein kräftiger mächtiger Zug sein, auf daß die benötigte Menge nach oben befördert wird — dann: Die Schienen ansetzen, je nachdem, was entstehen soll — Vasen oder Einlegetöpfe, die bis an fünfzig Liter fassen — in Freiwaldau der Töpfer Herbert Huckauf bei der Arbeit an einem "Einlegekruken" für Gurken und Sauerkraut.

Eine Frau beim Eingießen der flüssigen Tonmasse in Gipsformen –: Die zweite, die andere Methode der Keramik-Herstellung neben der ersten, der einen, dem Drehen auf der Töpferscheibe.

Eine Färberin.

Werkstelle mit Gießformen aus Gips und Trockenregalen im Hintergrund.

Ein Töpfer beim Einlegen der braunen, lehmglasierten Töpfe in den Ofen, der mit Holzkohle geheizt wird.

Die berühmte, von Friedrich Bischoff besungene Bunzlauer Kaffeekanne.

In Schreiberhau (Riesengebirge) stand die Josephinenhütte, "Schlesiens größte und beste Kunst-Glashütte", wie sie sich nannte. Aus Venedig gekommene Glasbläser, "aus Spat und Quarz der Berge Glasblüte spinnend", haben das "Glashüttenmärchen" geschaffen, das Gerhart Hauptmann zu seiner "Pippa" angeregt hat, dem "Glashüttenkind". Jener Glasmacher, der das sogenannte "Külbel" bläst, könnte Michel Hellriegel sein, Gerhart Hauptmanns Jünglingsgestalt.

Gerhard Stein, einer der aggressivsten Karikaturisten Breslaus in den "Goldenen Zwanzigern", Spottvogel des Stifts, als solcher gefürchtet und geliebt, setzt sich nach 1933 quasi zur Ruhe und geht nach Steinau, seiner Heimatstadt, zurück. Grund: Er kann jetzt nicht mehr so scharf zeichnen, wie er's möchte. Aber er kann dafür die Tradition seiner Familie fortsetzen, den Blaudruck. Nach den "Steins" ist in Steinau eine Stein-Straße benannt.
Gerhard Stein bearbeitet hier einen Druckstock.

Zuerst wird das Rohleinen gekocht. Dadurch wird es gereinigt und entfettet. Dann wird es getrocknet, gestärkt, appretiert und gemangelt. Derart präpariert, wird die Leinwand auf dem Drucktisch ausgebreitet, einem weich gepolsterten Brett. Dem Drucker im Rücken steht ein Bottich mit dem hell-grünlich-bläulichen Papp, der Grünspan und Blaustein enthält – er ist das Sekretum des Blaudruckers. Über seine Zusammensetzung verrät dieser Handwerker-Künstler nichts. Davon – von der Fähigkeit des Papps, die Indigofarbe abzustoßen und zu zerstören – hängt das ganze Ergebnis seiner Arbeit ab. Der Papp wird sodann auf einen in einem "Schassi", einem viereckigen Kasten, aufgespannten Tuche breitpinselig gleichmäßig aufgetragen. In diesen Aufstrich wird die Oberfläche des Models getaucht. Jetzt drückt der Drucker den Model – dessen erhabene Teile haben inzwischen den Papp angenommen – an die richtige Stelle auf die Leinwand auf. Er schlägt den Holzstock mit der Faust fest an das Tuch. Wenn er das Model dann abhebt, ist das Ornament auf das Tuch aufgedruckt. Leinenweiß.

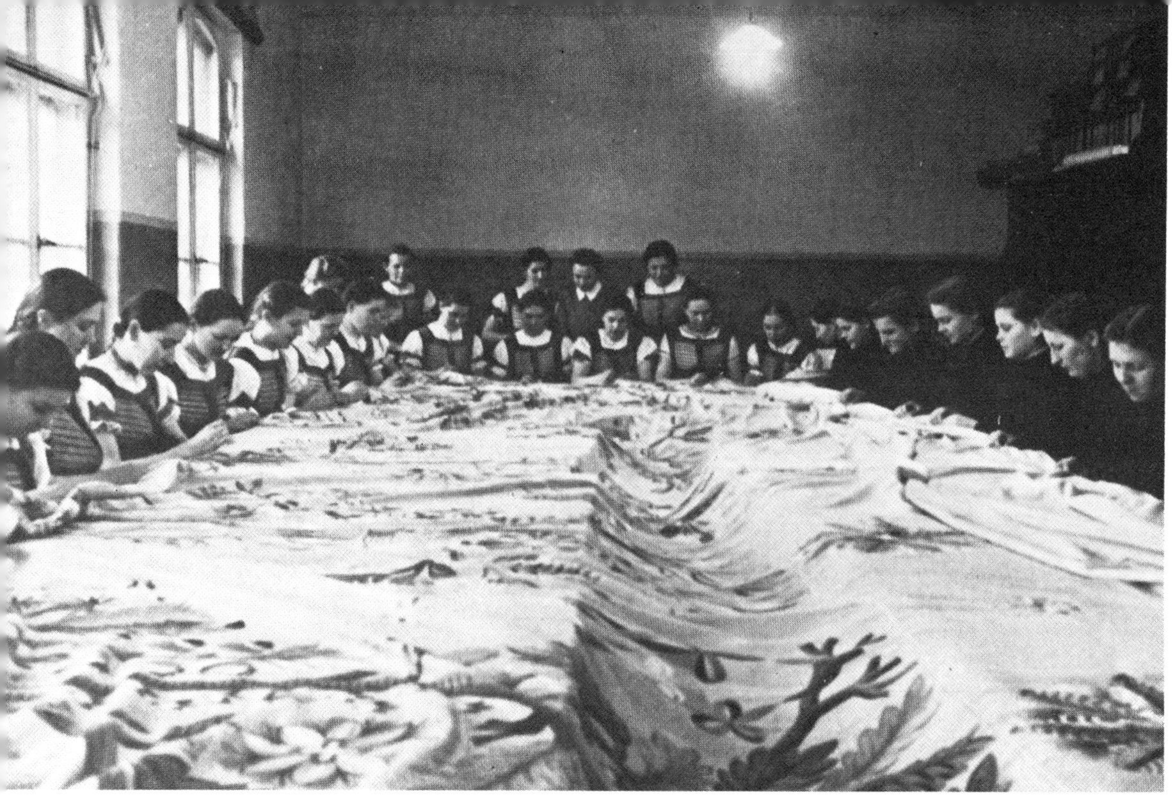

Die Schönwälder Stickerinnen hatten einen weltweiten Ruf. Ursprünglich bestickten sie ihre Tracht, die als die schönste schlesische angesehen wurde. Dann weiteten sie diese Volkskunst auf viele Gebrauchsgegenstände aus: Decken, Kissen, Kleiderstickereien, Beutel, Bänder, Häubchen, Gürtel, Bucheinbände.

Frau Strauch mit Tochter, Frau Straube, sitzen am einzigen Webstuhl von Plomnitz.

Die Köhler, eine Attraktion für Schulklassen und Sommerfrischler; ihre blauen Rauchpilze stehen über den Wäldern, Zeichen längst vergangener Zeit. Gleichwohl leisten diese mythischen Leute einen wichtigen Beitrag für die Eisenindustrie und für die keramische Produktion.

Es kommt nicht von ungefähr, daß der Name Schmied/Schmidt so häufig auftaucht. Ohne Schmied/Schmidt läuft's nicht! Die Schmiede versorgten die Räder und Schlitten mit Kufen. Sie beschlugen die Pferde und pflegten und verarzteten – vorweggenommene Tierdoktoren – kranke Hufe. Schließlich gingen sie dazu über, landwirtschaftliche Maschinen zu reparieren. Ein Dorf ohne Schmied war undenkbar.

Stellmacher, andernorts Wagner genannt, beherrschten nicht nur die Kunst, Speichenräder zusammenzusetzen, sondern auch den kompletten Wagenbau mit Deichselarm, Drehscheit, Runge und Lisse.

"Eim Winter blein merr hübsch om Uwa hucka" – aber damit das so sein kann, wie's Ernst Schenke in seinem Gedicht vom "Kacheluwa" sagt, braucht man einen Ofensetzmeister. Der ist, wie dieser "Vater Seemann", vor seinem Grundstück in Goldberg, ein sehr geachteter Mann.

Arbeit macht Hunger und Durst. Da werden dann die Böttcher gebraucht, die Fässer, Eimer, Zuber bauen. Auf daß in kühlen Kellern aufbewahrt werden kann, wonach die Seele lechzt . . .

. . . wozu natürlich auch die sprichwörtliche "Uwabank" gehört. Die baut der Ofensetzmeister Seemann-Sohn selbstverständlich zum "Uwa" hinzu.

Beim Richtfest. Die Zimmerleute in ihren Trachten. Die Maurer. Die Handlanger. Der Bauherr mit seiner Familie. Dieses Bild entstand 1925 beim Wiederaufbau der durch Brandstiftung angebrannten Gaststätte "Oskar Haupt", bekannt als "Schmiedemauer" in Rothwasser, Kreis Görlitz.

Der Malermeister Palm mit seinen Malersleut vor der neuen Neuweistritzer Schule. Wie das "ganz klenn Heinzelmannla" sitzt der Jüngste der Pyramide frech zuhäupt, gleich als wolle er Wolken anmalen.

Müller haben etwas Märchenhaftes an sich. Die alte Mühle, das ist ein Inbegriff für Verwunschenheit und Glück. Handfest freilich geht's andererseits zu. Wie hier in Heinersdorff: Ausfuhrbereit steht ein Gespann mit Säcken vorm Tor. Zeit: 1910.

"Der Müller mahlt das Getreide zu Mehl
All Leben geht aus dem Kleide zur Seel"
Altes schlesisches Sprichwort.

Vor der Wassermühle in Rothwasser, Kreis Görlitz. Mit dem Pferdegespann wird das Mehl zu den Bäckereien gefahren.

So sieht's in der Backstube einer Bäckerei und Konditorei in Breslau 1936 aus.

Zum Beispiel: Krenkel, Striezel und Schnecke: "met Zockertoalen". Zierbildchen, leider mehr zum Anschauen als zum Schlecken.

Und was wird da gebacken? Zum Beispiel: Pfefferkuchengebäck, wie es am Gründonnerstag die Paten ihren Patenkindern zu bringen pflegen.

Zum Beispiel: "Mohkucha". Oder "Mohstriezel". Dazu freilich muß man Mohn haben. Wie er hier auf dem Mohnfeld in Altweistritz wächst.

Dieser Bäckermeister Schmidt feiert sein 60-jähriges Geschäftsjubiläum in Bad Landeck. Er nennt sich, obwohl er längst in einer Republik lebt, "Hoflieferant". Stolz auf dem Architrav seines Eingangs prangt das Wappen des Hofes, den er einst belieferte.

525-jähriges Bestehen feiert die Bäckerinnung Habelschwerdt. Das bedeutet, daß schon im Jahre 1400 das Handwerk zu einem selbständigen Stand wurde. Die Eigenverantwortung der Innungen trug zur Emanzipation des Bürgertums bei. Dies wieder schuf die Voraussetzung für das Aufblühen der Städte.

Nach dem "Hoflieferanten" die "Hauslieferantin". Mit ihrem Handleiterwagen bringt sie das dunkel glänzende duftende 4-Pfund-Roggen-Brot ins Haus.

Ein Metzger, der, was er an Werkzeug benötigt, an seidem Gurt hängen hat, zieht von Hof zu Hof. Ein Schrekken für die Schweine. Eine Freude für die Nachbarn, die abends zur Wurstsuppe kommen.

Zinnkanne des Breslauer Bäckerzunft.

Ohne Speile, wie sie hier im "Speilbetrieb" von Albert Francke, Stuhlseifen, Kreis Habelschwerdt, hergestellt werden, kann ein Metzger keine Würste machen.

Wer hätte das gedacht, daß schon im Jahre 1909 Schlangengurken im Treibhaus gezogen werden?

"Schnutelschaber" wurden die Friseure auch genannt. Immer über alles auf dem Laufenden, ersetzten sie durch ihre beredten Informationen die heutigen Polit-Kommentatoren von der Television. Manch' Kunde mochte schon aus diesem Grund den tagtäglichen Besuch bei "seinem" Friseur nicht missen.

ARBEITER – ANGESTELLTE – KAUFLEUTE

Oberschlesien. Muschelkalkhügel. Flachwellig. Lehmüberzogen. Kieskuppenüberhöht. Hie und da eine karge Kiefer. Eine frierende Birke. Der Wald der Essen und Fördertürme. Eisen, Zink und Blei.
Als ich in Sibirien war, kam mir dies oft ein. Die Figur, die Heilige Barbara, war zwar nicht mehr da. Aber die Lücke sprach weiter von ihr.
So hatte der Woroschilow-Schacht in Prokofjewsk über die Zeiten hin seine Heilige Barbara bewahrt. Mal und Mal gerettet hat sie mich von Schlag und Tod.
Oberschlesische Bergknappen, von der jungen Sowjetunion geholt, hatten in Sibirien ihre Schutzpatronin sich und der Umwelt zuhäupt gestellt. Das war Neunzehnhundertsiebenundzwanzig gewesen. Neunzehnhundertsiebenundvierzig sahen wir Plennies, wir Schachtjore, Nachfahrer dieser Häuer und Haldler, darin ein Glück. Strahlkraft seit zweieinhalb Jahrhunderten von der Oder bis nach Sibirien, bis ans Ende der Welt: daß um Siebzehnhundertsiebzig der Steinkohlenabbau in Tarnowitz, Ruda und anderswo begonnen hat.
Die Beginne der industriellen Entwicklung Schlesiens freilich liegen früher. Schon im Dreizehnten Jahrhundert. Es geht von Gutsherren aus. Zink-, Blei-, Silbererze, dazu Raseneisenerze. Da werden auf den Gutsherren-Feldern an den Flüssen der Waldstücke, der Malapane, der Klodnitz, der Birwaka Frischfeuer angelegt. Da fängt, mit der Holzkohle, die Verhüttung dieser Erze an. Namen wie Heinrich Jakob von Fleming, Henckel von Donnersmarck, Georg Giesche. Es folgen – in der Mitte des Achtzehnten Jahrhunderts – die Abbauten der Steinkohle. Nicht zuerst in Oberschlesien, sondern im Waldenburger Bergland. Aber in Oberschlesien kommt's schließlich zu der Union Bergwerk-Hütte des größten Stils. Es kommt zum Schwarzen Schlesien in Oberschlesien – zu einem Danteschen Inferno mit roten Feuern und schwarzen Kulissen: einer Stadt des Weltendes in Hintergrund. Es kommt zu diesem apokalyptischen Bild zwischen den Wäldern und der Weite, das sich gleichwohl zu einem modernen Paradies hievt. Die Kohle im Verbund mit dem Verkehr auf dem Fluß und mit der Bahn wird zu einem Faktor des Wachstums, des Wohlstandes in Schlesien, ja in Preußen, wohin dieses Schlesien nach seiner österreichischen Heimat gerät. Die zentrale Sorge des Preußischen Staates schafft das Oberbergamt in Breslau. Ein Minister für Berg- und Hüttenwesen wird eingesetzt. Friedrich Wilhelm von Reden – dieser Name dieses Ministers hat etwas vom Namen Columbus an sich: als Entdecker eines Neuen Landes aus Brand und Rauch – mit Gefahr und Abgrund, aber auch mit dem faszinierenden Arm um die ganze Welt.
So daß es im Zwanzigsten Jahrhundert dazu kommt, daß Bergknappen aus Oberschlesien nach Sibirien kommen und dort ihre Heilige Barbara den von ihnen gegründeten Schächten zuhäupt stellen. Wovon die Lücke im Woroschilow-Schacht von Prokofjewsk erzählt.

Der Geheime Kommerzienrat Doktor-Ingenieur ehrenhalber Chaim Schlesinger erzählte mir erst einen Witz. Eine Jüdin spaziere auf einem Friedhof einher und lese die Aufschriften auf den Grabsteinen. Da lese sie: "Hier ruht Chaim Schlesinger Geheimer Kommerzienrat, ein Mann der Kunst", da rufe sie: "Gott über die Welt! Unter einem einzigen Stein drei Juden!"
Dann, damit ich den Witz ganz verstehe, erzählte er mir die Geschichte von seinem Vorfahren Manasse, der aus Witebsk hierher nach Breslau gewandert sei. Ein Jude aus Rußland. Also ein Russe und ein Jude. Das seien schon zwei. Aber drei müsse man sein, wenn man der Heiligen Dreifaltigkeit gleich sein wolle, wovon die Russen in ihrer Frömmigkeit glaubten, daß sie nicht nur das Geheimnis Gottes, sondern auch das Geheimnis der Welt und des Menschen sei. Also müsse man dritterdings auch noch ein Mensch sein. Also ein Russe und ein Jude und ein Mensch. Wie aber werde man ein Mensch? Tief und weit sei das, wie die Russen und Juden nun einmal sind. Aber es sei auch sehr einfach. Man werde dann ein Mensch, wenn man das, was man erwerbe, auch wieder zu verschenken bereit sei. Sich die Welt freimütig erobern, diese freimütig eroberte Welt ebenso freimütig wieder hergeben, darin liege es. Für ihn, Chaim Schlesinger, heiße das: den Reichtum so leicht wie gesammelt so leicht wieder ausgestreut! Am Ende sei Nichts. Ein Nichts, das aber ein Alles sei. Und dies sei der Mensch. Ob sie zu knacken sei, diese Nuß? Jedenfalls war sie zu sehen, diese Nuß. In einem anheimelnden Haus auf der Weißgerberohle. Wo der Getreidehändler seinen Reichtum der Kunst schenkte, den Malern, deren Bilder er kaufte, um sie in einer Gemälde-Galerie eigenen Stils auszustellen. Aber auch ein Waisenhaus, ein Altersheim, eine Pflegestätte für Tuberkulosekranke hat er gestiftet. Und so wie er haben's viele reiche Breslauer Leute getan. Nicht nur reiche Juden, aber sie, als Breslauer Handelsmenschen, zumal. Und ob das nicht ein Schlüssel ist für das fürwitzige Entstehen von Sozialwesen und Kultur und Literatur in einer kaufmännischen und industriellen und Bergwerks- und Schiffahrtswelt wie der schlesischen? Daß es solche Menschen in ihr gibt, die so denken, so handeln, so sich ihr Leben zurechtdichten im großen Zusammenhang von Werden, Vergehen und Auferstehn?

Leben, gruppiert um das Rad, das den Korb in die Tiefe läßt – das das Schwarze Gold ins Licht hebt, das die Bergleute in die Schächte hinunterführt.

VON ARBEITERN, ANGESTELLTEN, KAUFLEUTEN

In der Wenceslaus-Grube 1922. "Glückauf" haben die Bergleute auf die breite kurzstielige Abräum-Schaufel geschrieben. Eingerahmt in die Säge der Zimmerleute, die die lebenswichtigen Rahmen in die Stollen setzen.

So idyllisch, wie die oberschlesische Landschaft ausgeschaut hat, so gefährlich haben die Menschen dort gelebt – sowohl in den Gruben als auch in den Hütten.

Warum sind die Bergleute so angesehen? Warum nennen sie sich Knappen, wie die jungen Ritter von eh'? – haben Musik-Kapellen? – haben ihre Heilige Barbara? Wegen der Gefahr, in der sie leben? Untertagebelegschaft der Melchiorgrube in Dittersbach, Kreis Waldenburg.

Wenceslawgrube bei Neurode.

Gruben wurden gern nach gekrönten Häuptern oder Heiligen benannt, wobei der böhmische Heilige Wenzel, ein "Bruder Franziskus", wie die preußische Königin Luise, eine Friedensstifterin, besonders beliebt waren.

Königin-Luise-Grube in Hindenburg.

Fahrt zur Beisetzung der verunglückten Bergleute auf dem Neuroder Friedhof. Das Gruben-Unglück ereignete sich am 10. Mai 1941 auf der Ruben-Grube in Kohlendorf.

Beerdigung der am 9. Juli 1930 im Kurt-Schacht, Hausdorf, verunglückten Bergleute.

Imposante Silhouette der Julienhütte bei Bobreck. Abgas und Ruß nahm man gottergeben in Kauf.

Erregende Minuten, wenn beim Abstich das Metall gleißend aus dem Ofen fließt.

Gutsherren gründen die oberschlesischen Gruben. Der Graf Hugo Henckel von Donnersmarck, Herr der Ländereien von Beuthen und Tarnowitz, errichtet 1835 die "Laurahütte" auf seiner Herrschaft Siemianowitz.

Die Hochofenanlage in Königshütte/
Teilansicht.

Schlesien ist gesteinsreich. Ton, Koalin, Basalt, Granit, Sandstein, Dachschiefer, Kalk- und Zementmörtel, Marmor und Glassand – das alles bietet der Boden Schlesiens. – Der Granitsteinbruch in Qualkau bei Schweidnitz.

In Strehlen in Schlesien liegt dieser größte Granit-Steinbruch Europas.

"In die Steinzeit gehen" sagte man, wenn man in den Steinbruch zur Arbeit ging. In diesem kleinen Steinbruch von Neuweistritz muß noch alles von Hand gemacht werden. Ganz ungefährlich sieht das nicht aus.

Bilder vom Bau. Eine Baustelle in Landeshut, der Bau des Freibades in Opperau, die Baustelle "Neubau Regierung Breslau". Nicht nur Fachleute vom Bau sind zu sehen, sondern auch Zivilisten aus allen Berufen, "notstandsverpflichtet" zu einem gemeinschaftlichen Objekt, wie man das genannt hat!

Windmühlen erleichtern mühselige Knochenarbeit. Sie liefern manchem Kleingewerbe Energie. Hier an dieser Ibsdorfer Mühle hat Friedrich der Große während des Siebenjährigen Krieges ausgeruht und vom Frieden geträumt. Eine Gedenktafel erinnert daran.

Freiwaldau ist als Stadt der Dachziegelherstellung in ganz Deutschland bekannt.
Wie auf einem Bühnenbild stehen die Schlote in den Himmel.

Das Büropersonal der Firma Sigbert Sturm präsentiert sich inmitten seiner Dachziegel-Produktionen.

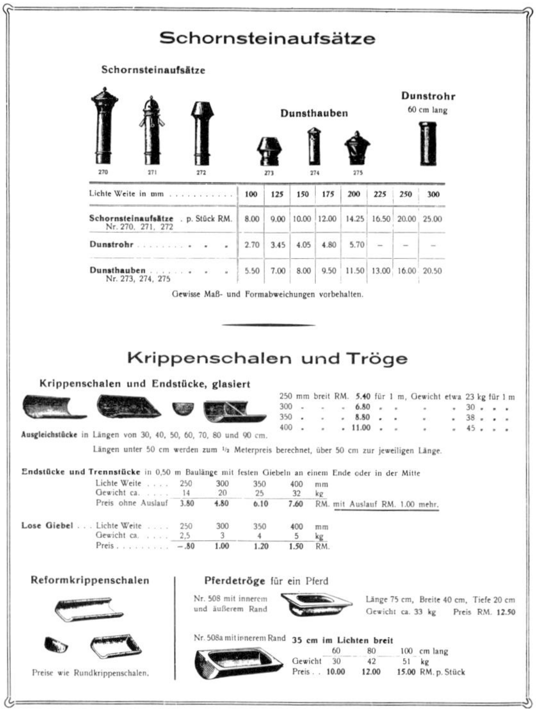

Schornsteinaufsätze

Schornsteinaufsätze

270 271 272

Dunsthauben

273 274 275

Dunstrohr
60 cm lang

Lichte Weite in mm	100	125	150	175	200	225	250	300
Schornsteinaufsätze . p. Stück RM. Nr. 270, 271, 272	8.00	9.00	10.00	12.00	14.25	16.50	20.00	25.00
Dunstrohr	2.70	3.45	4.05	4.80	5.70	–	–	–
Dunsthauben Nr. 273, 274, 275	5.50	7.00	8.00	9.50	11.50	13.00	16.00	20.50

Gewisse Maß- und Formabweichungen vorbehalten.

Krippenschalen und Tröge

Krippenschalen und Endstücke, glasiert

250 mm breit RM. **5.40** für 1 m, Gewicht etwa 23 kg für 1 m
300 " " " **6.80** " " " " 30 " " "
350 " " " **8.80** " " " " 38 " " "
400 " " " **11.00** " " " " 45 " " "

Ausgleichstücke in Längen von 30, 40, 50, 60, 70, 80 und 90 cm.
Längen unter 50 cm werden zum ½ Meterpreis berechnet, über 50 cm zur jeweiligen Länge.

Endstücke und Trennstücke in 0,50 m Baulänge mit festen Giebeln an einem Ende oder in der Mitte

Lichte Weite	250	300	350	400	mm
Gewicht ca.	14	20	25	32	kg
Preis ohne Auslauf	**3.80**	**4.80**	**6.10**	**7.60**	RM. mit Auslauf RM. 1.00 mehr.

Lose Giebel

Lichte Weite	250	300	350	400	mm
Gewicht ca.	2,5	3	4	5	kg
Preis	**–.80**	**1.00**	**1.20**	**1.50**	RM.

Reformkrippenschalen

Preise wie Rundkrippenschalen.

Pferdetröge für ein Pferd

Nr. 508 mit innerem und äußerem Rand
Länge 75 cm, Breite 40 cm, Tiefe 20 cm
Gewicht ca. 33 kg Preis RM. **12.50**

Nr. 508a mit innerem Rand **35 cm im Lichten breit**

	60	80	100	cm lang
Gewicht	30	42	51	kg
Preis	**10.00**	**12.00**	**15.00**	RM. p. Stück

Das Tonvorkommen im Kreis Bunzlau ist so groß, daß neben der Keramik- und Dachziegel-Industrie in Freiwaldau auch ein Steinzeugröhrenwerk besteht.
Man könnte also denken:
Als der liebe Gott den ersten Menschen aus Ton formte, hat er das in Freiwaldau getan.

Katscher – ein Ort in Oberschlesien. Die Teppichweberei der Scheffler AG florierte hier.

Die Belegschaft der Papierfabrik Neuweistritz, bevor es auf den Betriebsausflug nach der Mensebaude geht. 1935.

Wuchsen die Gurken in Liegnitz wirklich so in die Größe und Dicke, daß sie wie Zeppeline aussahen? Himmlisch schmeckten sie auf jeden Fall! In Liegnitz wurden sie von den größten Rohkonservenfabriken und Gurkeneinlegereien verarbeitet.

Erste Zuckerfabrik in Kunern. Franz Karl Achard, Physiker, Chemiker, überreichte 1799 das erste von ihm hergestellte Quantum Zucker im Gewicht von zehn Pfund dem König Wilhelm von Preußen und der Königin Luise. Am 18. April 1811 erschien in der "Schlesischen Zeitung" die Ankündigung einer " auf Allerhöchsten Königlichen Befehl in Schlesien zu errichtenden Lehranstalt der Zucker- und Syrupfabrikation aus Runkelrüben und die Bereitung des Branntweins, Conjack, Rum, Arrak aus den Abfällen". Der Initiator Achard, wie viele Ideengeber, ging lautlos in die Ewigkeit. Umso lauter feierte die Nachwelt seine Branntwein-Initiative.

So ein "Faß Brannte-Wein", wie deren viele hier zusammengerollt sind, und zwar als "Teil einer Heereslieferung, ausgeführt von der Firma Albert Buchholz, Weinbrennereien, Grünberg/Schlesien", wünscht sich so mancher Schlesier als Billett in das "Schlesische Himmelreich".

In Breslau, auf der Sonnenstraße, als griechischer Tempel, von den rosigen Fingern der Eos berührt, ragte, den Namen "Ernst Neumärker" auf seinem Architrav, eine Sargfabrik.

"Schnaps das war sein letztes Wort, dann trugen ihn die Englein fort". Also schwieg's der Totengräber Ernst Fiedel – wieviele Male? – anno 1935 auf dem Friedhof in Neuweistritz.

Karpfenfütterung auf dem Sangowteich 1938 (10.000 Morgen groß – zum Kreis Falkenberg O/S gehörig, Eigentümer Graf Praschma). Fisch gegessen wurde in Schlesien nicht nur zu den Abstinenztagen der Katholiken. Vor allem gab's "Die polnische Karpfe" zu Weihnachten. Sie kamen "per Expreß" aus dem oberschlesischen Kreis Falckenberg oder aus dem niederschlesischen Kreis Militsch-Trachenberg.

Das "Abfischen der Garbownitze" im Kreis Militsch-Trachenberg.

Besonders viel Wasser brauchte das Gerberhandwerk. Das Wasser der Ohle, eines Nebenflusses der Oder, diente in Breslau den Weißgerbern zur Lederbearbeitung. Im Sommer stank es da pestilenzialisch. Was Goethe, der im heißen August 1790 in der Nähe logierte, vom "schmutzigen, stinkenden Breslau" zu schreiben veranlaßte. Später wurde die Ohle zugedeckt. Übrig blieb der Straßenname "Weißgerberohle".

Im Meisterbetrieb auf dem Breslauer Elferplatz am Freiburger Bahnhof, Grühling und Rex, wurden Lampenschirme hergestellt.

Ein Wäschereibetrieb, wie es ihn in jeder größeren Stadt gab. Noch weit entfernt von pflegeleichten, bügelfreien Stoffen war das Waschen, vor allem das Plätten von vielen komplizierten Kleidungsstücken, eine Arbeit, die eine Hausfrau allein kaum schaffte.

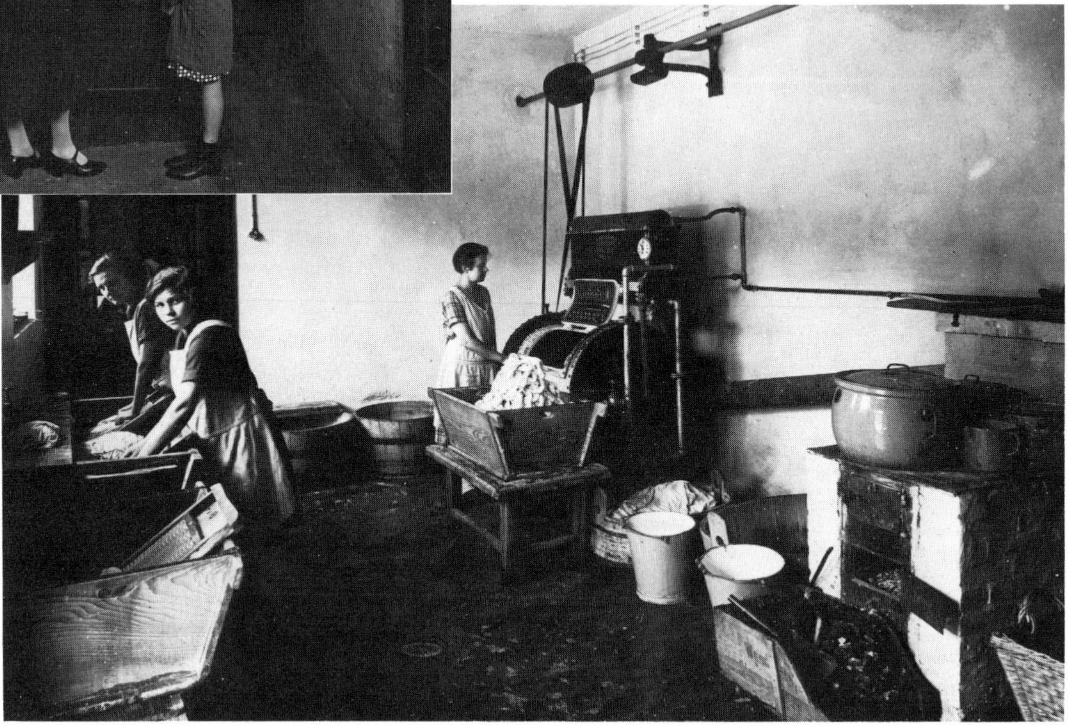

Vor allem die Spitzenkragen der Damen und die steifen Kragen und Manschetten der Herren überließ man gern "dienstbaren Geistern".

So sah das Gesindebuch – das Buch eines "dienstbaren Geistes" – auf der ersten Seite aus.

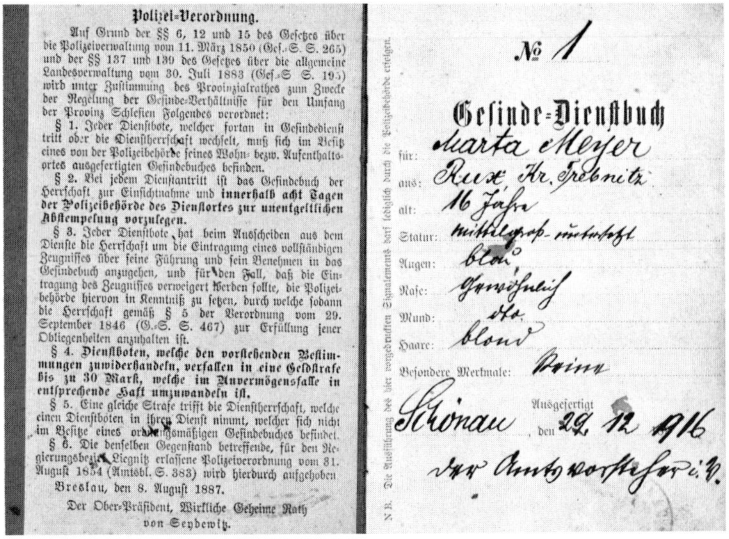

Polizei-Verordnung.

Auf Grund der §§ 6, 12 und 15 des Gesetzes über die Polizeiverwaltung vom 11. März 1850 (Ges.-S. S. 265) und der §§ 137 und 139 des Gesetzes über die allgemeine Landesverwaltung vom 30. Juli 1883 (Ges.-S S. 195) wird unter Zustimmung des Provinzialrathes zum Zwecke der Regelung der Gesinde-Verhältnisse für den Umfang der Provinz Schlesien Folgendes verordnet:

§ 1. Jeder Dienstbote, welcher fortan in Gesindedienst tritt oder die Dienstherrschaft wechselt, muß sich im Besitz eines von der Polizeibehörde seines Wohn- bezw. Aufenthaltsortes ausgefertigten Gesindebuches befinden.

§ 2. Bei jedem Dienstantritt ist das Gesindebuch der Herrschaft zur Einsichtnahme und **innerhalb acht Tagen der Polizeibehörde des Dienstortes zur unentgeltlichen Abstempelung vorzulegen.**

§ 3. Jeder Dienstbote hat beim Ausscheiden aus dem Dienste die Herrschaft um die Eintragung eines vollständigen Zeugnisses über seine Führung und sein Benehmen in das Gesindebuch anzugehen, und für den Fall, daß die Eintragung des Zeugnisses verweigert werden sollte, die Polizeibehörde hiervon in Kenntniß zu setzen, durch welche sodann die Herrschaft gemäß § 5 der Verordnung vom 29. September 1846 (G.-S. S. 467) zur Erfüllung jener Obliegenheiten anzuhalten ist.

§ 4. **Dienstboten, welche den vorstehenden Bestimmungen zuwiderhandeln, verfallen in eine Geldstrafe bis zu 30 Mark, welche im Unvermögensfalle in entsprechende Haft umzuwandeln ist.**

§ 5. Eine gleiche Strafe trifft die Dienstherrschaft, welche einen Dienstboten in ihren Dienst nimmt, welcher sich nicht im Besitze eines ordnungsmäßigen Gesindebuches befindet.

§ 6. Die denselben Gegenstand betreffende, für den Regierungsbezirk Liegnitz erlassene Polizeiverordnung vom 31. August 1854 (Amtsbl. S. 383) wird hierdurch aufgehoben.

Breslau, den 8. August 1887.

Der Ober-Präsident, Wirkliche Geheime Rath
von Seydewitz.

№ 1

Gesinde-Dienstbuch

für: Marta Meyer
aus: Rux, Kr. Trebnitz
alt: 16 Jahr
Statur: mittelgroß-untersetzt
Augen: blau
Nase: gewöhnlich
Mund: do.
Haare: blond
Besondere Merkmale: keine

Ausgefertigt
Schönau, den 22. 12. 1916
der Amtsvorsteher i. V.

N. B. Die Ausführung des hier vorgedruckten Signalements darf lediglich durch die Polizeibehörde erfolgen.

Was man zu verkaufen hatte, transportierte man zuallererst und zuallerhübschest im Handwagen, zweitens auch noch pittoresk in den Frachtkutschen mit zwei PS, wobei bisweilen noch rasch, en passant, ein Pferd beschlagen wurde, und drittens, auch noch skurill, im "ersten Auto", wie hier der Kaufmann Roland Gaub mit seinem "Dixi" . . .

Eine ganze Orientpracht entfaltete Breslau um 1880 bei der "Schlesischen Gewerbe- und Industrie-Ausstellung". Kalifenpalast plus Fontäne von Bakschisserai. Markt, das heißt auch immer Bazar! Und es war ja in den ersten Jahren des Wilhelminischen Kaiserreichs auch die "Kolonialware" aktuell "Kolonialwarenhandlung" – mehr unseligen als seligen Angedenkens an die Zeit des Kolonialismus – wurde der Lebensmittelladen noch bis in die Dreißiger Jahre des 20. Jahrhunderts hinein genannt.

1924 wurde, neben der Jahrhunderthalle, der "Messehof" gebaut. Ein Ziegelriese aus Glas und Beton. Ein geometrisches Ungetüm. Hier stellten insbesondere die europäischen Südoststaaten aus; hier spielten aber auch die Bamberger Philharmoniker die Neunte. Hier trafen sich Kommunisten, Nationalsozialisten, Zentrum und Reichsbanner, zu ihren Kundgebungen im Vor-Januar. Hier jubelten wir unserem Reichspräsidenten, unserem "Papa Hindenburg" zu. Hier wurde, als es knapp mit unserer Kinder-Kalorien-Kost war, von der "Heilsarmee" die "Quäkerspeise" ausgegeben.

Mit diesem "Notgeld" wurde in der Notzeit 1920 gezahlt. Der Ahnherr des Reichsgrafen Schaffgotsch, des Besitzers fast des halben Rübezahlreichs, war zu einer mythischen Gestalt stilisiert worden. "Gotsche Schof schlägt den Greif". Das heißt: Dieser gotische Recke besiegt den alten einheimischen Vogel und macht sich zum Herrn über den Greiffenstein!

Allein in Rothwasser, Kreis Görlitz, gab es über 30 Viehhändler. Ins Kraut schoß dies Gewerbe zwischen dem Ersten und dem Zweiten Weltkrieg: Als "Spekulation" zu einem Stichwort für die Charakterisierung der Gesellschaftsmoral geworden war. – Viehhändler Hanke mit einem Schimmel.

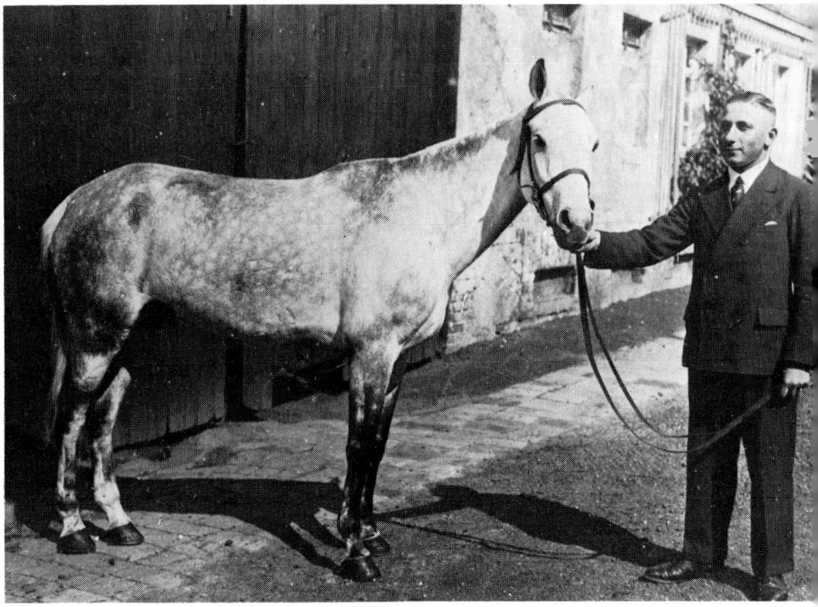

Das Haus des Pferdehändlers Scholz in Steinau an der Oder, davor der Viehmarkt.

Einweihung der neuen Schweinemarkthalle in Rothwasser, Kreis Görlitz, 1913. Hier wurden allwöchentlich Ferkelmärkte abgehalten.

Der Tippelmarkt ist das Breslauer Fest um den Gabeljürge herum, den ollen Neptun auf dem Neumarkt. Hier gibt's alles aus der Bunzel-Truhe: Vom Einmachtopf bis zu den Nippes-Figürchen, den Putten, Schäferinnen, Goldmäusen. Hier gibt's aber auch das Stelldichein der Tippelbrüder, der schlesischen "Fechter", die nicht vom "fechten" mit dem Säbel, sondern vom ver-fechten ihres Charmes leben, ihrer "klenn verschmiemelte Branntweinoga".

In Münsterberg der Wochenmarkt hatte, durch die vom Friedrich dem Großen hier angesiedelten böhmischen Protestanten, den Charakter eines Hopfenmarktes: soviel böhmisches Bier wurde hier getrunken . . .

Auf der Kurfürstenseite des Breslauer Rings, bei der Haupt-Breslau-Kirche Sankt Elisabeth, bei "Hänsel-und-Gretel", den Hof-Häuschen, und dem Käse-Böhm, war Markt quer durch Gemüse, Kartoffel und Obst.

"Sollte es nicht einen Sinn haben, daß die Schlesier in die Städte und Dörfer verstreut werden als Boten einer Besinnung aufs Letzte?" Das sagte 1945 beim letzten Gottesdienst der letzte Dekan von Breslau, Dr. Joachim Konrad, in der Kirche von Sankt Elisabeth, auf welcher der Engel des Jüngsten Gerichts die Posaune bläst.

"Aber das alte Breslau war wunderbar alt, wunderbar historisch und gestrig das alte Rathaus". Eine Notiz von Hans Sahl, gefunden in den "Memoiren eines Moralisten" 1983.

Breslau lag an der Salzstraße. Also gab's einen Salzmarkt. Später wurde er in Blücher-Platz umgetauft. Nach dem attraktiven "Marschall Vorwärts", dem in vorwärtsweisender Gebärde antinapoleonisch dastehenden Feldherrn in Stein.

In Bernstadt kann man das Straßenpflaster sehen – Kopf- und Quartstein. Für die Pferde, die Wagen, die Menschen – haltbar, ding- und personenschonend.

In Hirschberg unterm Rübezahl hatte der "Rübezahl-Basar" sein Domizil. Willkommengruß an die Wanderer ins Riesengebirge.

In Lauban, wie überall, wurde auf der Straße aus Brauerei-Carozzen "Jungbier" ausgeschenkt – das untergärige Magen-Darm-Regulier-Getränk.

In Katscher auf dem Ring die Trasse aus Guß für Autos und Fußgänger, stoßdämpferschonend, schuhefreundlich, inmitten des Kopfstein-, des Katzel-Pflasters.

Feldstraße Ecke Paradiesstraße Breslau. Drei Engel vorm Tor zum Paradies.

In der Berliner Straße zu Neusalz (Oder) gab's – wie andernorts – von anno 1922 an diese Geschäfte mit den kleinen Preisen. Magnete für die kleinen Leute mit dem kleinen Geld. Für fixe Summen – 25 und 50 Pfennige – gab's die tollsten Dinge.

Stets neu angestaunt, als Architektur-Novität, wurde das Warenhaus der Gebrüder Barasch auf dem Ring. Der erste Bau dieser Art, Glas und Beton, im Stile der "Sezession", also mit wagnerianischen Theater-Passagen. Die Weltkugel wird nicht mehr vom Atlas getragen, sondern vom Warenhaus.

AUSGEHEN – VERREISEN

Ausgehen ist das Kleine, Verreisen ist das Große. Abenteuer heißt beides. Es steckt ja in jedem Schlesier der Wandersmann von Eh, der einmal nach Schlesien Gewanderte von Ost, von West. Seßhaft so ganz, Hand aufs Herz, ist kein Schlesier, nicht wahr?

Wohin die Reise? Wohin sonst als zu Tisch? Wenn in morgenländischer Manier Gerhart Hauptmann auf seinem Esel von Agnetendorf nach Hain ritt, wußten wir, er geht zur "Linde". Es hat, was in orientalischer Weise nach großem Aufbruch aussieht, den Charakter einer kleinen Einkehr in die Mitte.

Ausgehen, verreisen also nach solcher Gerhart-Hauptmannschen Art – Zur "Linde", das hieß: an einen Tisch, der zum Korn und zum Bier einlud. Natürlich versteht sich's, daß auch immer andere, solche von weit, dabei waren, daß die kleine Einkehr in die Mitte für einen derart weltläufigen Herrn wie den Dichter der "Weber" ein Treffen auf Zeitgenossen von Originalität hieß.

Da war das eine Mal von Sorrent der russische Kollege Maxim Gorki nach Hain gereist, um sich mit seinem deutschen Kollegen auszutauschen. Das andere Mal erschien der Staatsmann Walter Rathenau. Schließlich kamen ungarische Dirigenten und Filmstars aus Hollywood. Zugleich versammelten sich in dem Schiffsgehäuse von Kneipe, welches die "Linde" war, die Bauern der Berge und die Fuhrleute der Tale, die liebsten Gesellen des Dichters aus der Nachbarschaft. Wohin die Reise? Wohin sonst als zu Tisch – das gab allem den Stil. Jeder Rede und jedem Schweigen im Kreise der Menschen um Gerhart Hauptmann. Denn es enthielt die Aufforderung die Welt so einzurichten, daß aller Menschen Reise auf dieser Erde zu keinem anderen Ziele als "zu Tisch" gehen sollte. Es sollte allerorten und allerweile nichts Höheres gelten als die Sorge: Gerechtigkeit und Frieden und Liebe unter den Menschen, das sollte für alle das ferne und nahe Ziel sein.

Ausgehen, verreisen also nach solcher Gerhart-Hauptmannscher Art – ob das etwas Typisch-Schlesisches ist?

Die Mohkliessla-Lektion
von Gertrud Polloczek

Die berühmten schlesischen Mohnklöße ("Mohkliessla") sind keine richtigen Klöße, wenn sie auf den Tisch kommen, sondern gleichen eher einem Auflauf. Erst wenn die einzelnen Portionen abgestochen und auf die Teller verteilt sind, erkennt man die längliche Klößchenform. Nach dem Weihnachtskarpfen werden sie zur schlesischen Weihnacht mit einem Dreistundenabstand, also etwa um Mitternacht, zum Glühwein gegessen Auch zur Tradition der Neujahrsnacht gehören sie.

Was man dazu braucht?

250 Gramm gemahlenen Mohn
einen halben Liter Milch
fünf Eßlöffel Zucker
50 Gramm Sultaninen
fünf Eßlöffen Rum
50 Gramm Mandelstifte
einen Teelöffel Zimt
zwei Tropfen Bittermandelöl
(oder geriebene Bittermandel)
zwölf bis 16 Scheiben Zwieback oder Weißbrot

Wie man sie zubereitet?

Gemahlenen Mohn mit einem viertel Liter kochender Milch, in der der Zucker gelöst wurde, übergießen und quellen lassen. Verrühren, Sultaninen waschen, abtrocknen, dann mit dem Rum, den Mandeln, dem Zimt und dem Bittermandelöl zum gequollenen Mohn geben und damit verrühren. In der restlichen Milch das Weißbrot ganz kurz einweichen, es darf dabei auf keinen Fall matschig werden. In eine (Glas)-Schüssel schichten: eine Lage Mohnbrei, eine Lage Weißbrot und so weiter. Bis alles Material verbraucht ist. Die oberste Schicht muß Mohnbrei sein. Wer will, kann sie noch mit einigen Mandelblättchen verzieren. Mindestens über Nacht stehen lassen, damit sich alle Aromastoffe miteinander verbinden.

Der "Alte Weinstock", wo's Conrad Kisslings Biere gab, in der Poststraße 3 zu Breslau, war ein "vornehmes Lokal". Da verkehrten die Professoren. Da luden sie ihre Studenten zu einem Bier ein, was eine unerhörte Ehre für diese bedeutete.

Beim Paul Schönfelder gab's Hinter-Zimmer für Vereine. In der Werderstraße und beim Schießwerder in Breslau, da schlupften nach den heißen Versammlungen der Rechten und Linken im Vor-Januar manche "großen Tiere" der Extrem-Szene hinter die Theke.

Gesitteter das "Ausgeh-Zeremoniell" des Telegraphen-Inspektors Felix Rösner mit seiner Frau Paula. Sonntagfrüh promenieren die beiden durch die "Pergola" und landen in der "Terrassengaststätte" bei Kaffee, Baisers und "Schlacke".

Eine Straße führt in den Frühling und lädt dazu ein, per pedes apostolorum hinaus in die Weite zu ziehen.

Wandernde Odysseuse finden hier in diesem selbsterbauten Kaffee-Restaurant Labung.

Wer diese kulinarische Topographie abgewandert hat, hat die Wahl zwischen den beiden Sprüchen: "Lieber awing besser und awing länger geläbt". "Guttschmecke macht Bettelsäcke".

Dieser Holzschnitz-Wegweiser aus der Schule des Warmbrunner Meisters dell'Antonio führt in die "Schloßbrauerei", wohin sonntags der "Chamster" seine "Pflanze" zum Tanze führt.

In der Schweizerei im Scheitniger Park in Breslau gab es weder Kühe noch Käse, höchstens Käsekuchen und Sahne-Baisers.

Straßenbahn-Endstation Ofenerstraße. Von hier ging's in den Lunapark. Zu Karussell und "Schwof".

"Ein der Weitberümbten Kayer-Königl. Hauptstadt Presslau in Schlesien Würths-, Schenk- und so-genannte Kretschmar-Haus, wie solche in Ihrem Flor zu sehen, deren sind 154, hat jedweders sein eigen Prey-Haus und wöchentlich 3 Schenktag, aber nicht nach einander. Wass für Nutz der Stadt in umliegenden Orten u.s.w. (erwächst) ist unnötig zu melden". Eine solche Inschrift prangt auch im illustren "Weißen Haus" am Neumarkt.

Der Grünberger Wein soll so sauer sein, daß man damit den Teufel vertreiben kann. So hat alles in der Natur auch seine gute Seite.

Wasser hat für Ausflügler einen eigenen Reiz, besonders, wenn es tosend zu Tale stürzt. Talsperren – hier die Bober-Talsperre – waren beliebte Schulausflugsziele, wo wir Pixe – angesichts der Elemente – das Gruseln lernten.

Seit Goethe auf seiner Schweizer Reise den Wasserfall entdeckt hat – "Seele des Menschen, wie gleichst du dem Wasser?" – sind auch die Wasserfälle in den schlesischen Gebirgen bestaunte Naturereignisse.

Eine endlose Straße. Und der Zobten noch weit.

Die Zobtenbaude auf der Kuppe des dunklen geheimnisvollen Berges, auf dem seit je die Götter zuhaus waren. Der schlesische Olymp.

Grafschaft Glatz. Blick vom Martinsberg auf den Schwarzen Berg, im Hintergrund der Schneeberg, der höchste Berg des Glatzer Landes, der allerdings nur im Winter seinem Namen gerecht wurde.

Die Hohe Eule. Der höchste Berg des Eulengebirges. Auf diesen hölzernen Aussichtsturm folgte später ein steinerner.

Ein goldenes Eselchen soll ein schwedischer Obrist in einem Pfeiler der Kynsburg gefunden haben. Mit der Aufschrift: " Gold ist mein Futter/Nicht weit hiervor steht meine Mutter".
Diese jungen Männer haben sich ihre "Schätze" selbst mitgebracht.

"Herrgottsländchen", so liebevoll redete man die Grafschaft Glatz, den Glatzer Kessel, an. Die Puhu-Baude in der Grafschaft Glatz.

"Meine Berge leuchten wieder,
menschenfern und nachtbetaut,
atme wieder Heimatodem,
Wälder rauschen laut".
Carl Hauptmann

Holde Weiblichkeit auf dem Kynast, jener Burg, die steilhoch im Riesengebirg ragt. Fluchbedroht. Denn die böse Kunigunde herrschte hier. Sie schickte ihre Freier auf einen Mauer-Ritt. Alle stürzten dabei zu Tode – bis auf einen, der sie dann seinerseits in die Tiefe schmiß.

Die Mende-Baude bei Grunwald in der Grafschaft Glatz.

Die Übernachtungsmöglichkeit in den Bauden war einfach und begrenzt. Das Übliche war, sich bei Privatleuten zur Sommerfrische einzumieten. Oft ging man lebenslang zu "seinen Leuten".

Carl Hauptmann sinniert über das Riesengebirge und Rübezahl. "Das ist das große Geheimnis, daß Rübezahl als der Geist des Riesengebirges mit Händen nicht zu packen ist, und ich glaube, daß Rübezahl in Urzeiten die Riesentochter zum Weibe nahm. Und daß das Riesengebirge in seiner gedehnten Erdwucht und seiner ewigen Frühlingsfruchtbarkeit selber die verzauberte Riesentochter ist, die weithin in alle Lande sichtbar unter dem hellen Sommerhimmel aufragt und gewaltig gedehnt unter den nächtlichen Sternen. Und daß Rübezahl der seit Alters versklavte Riese 'Hin und Her' ist, weil er für die ewig fruchtbare Riesin wie das Vogelmännchen für die brütende Vogelfrau zu sorgen hat".

Drei Riesengebirgsbauden. Die Neue Schlesische Baude mit der Aussicht auf die Bergschmiede und auf Rübezahls Lustgarten. Der Saal der Prinz-Heinrich-Baude. Und die Alte Schlesische Baude. Schon 1632 ist sie gebaut worden. In ihr hat eine Romanze begonnen. Der Dichter Theodor Körner, als er hier einmal übernachtete, verliebte sich in die junge Veronika Hallmann, des Baudenwirtes Tochter. Dies ist nicht die einzige Romanze, die in einer schlesischen Baude angefangen hat.

Hier, in Giersdorf, von dessen Teichen man auf die Schneegruben sieht, steht das "Schlesische Himmelreich": Die Endstation der Giersdorfer Klein- und Talbahn, mit der man von Hirschberg ins Riesengebirge fährt.

Viele Bäder gab's in Schlesien – der vielen Mineralquellen wegen. Das Bad Kudowa war eines der bekanntesten. Eisen und Arsen enthielten die Kudowaer Brunnen. Gegen Rachitis, Bleichsucht, Nervenschwäche, Arthritismus und Podagra.

Görbersdorf – Davos in Schlesien. Erst eine "Kaltwasserheilanstalt", gegründet von der Nichte des Marschall Blücher. Dann, von Dr. Hermann Brehmer entdeckt, eine Lungenheilstätte. Wiege der modernen Lungentuberkulosetherapie.

Die Kurgesellschaft. Auf der Kurpromenade en bloc samt Gouvernante.
Der Wandelgang des Kurhauses für die regnerischen Tage.
Für's Gemüt das Konzert der Kurkapelle.
Für den Leib das "Wässerchen".

Sehen sie nicht schon wieder ganz approbat aus? Schauen sie nicht optimistisch in die Welt - wie die Palmwedel in den griechischen Töpfen?

Per Rad durch sandige Wege hinein in einen unendlich großen Himmel – ein Glückgefühl, nicht zu beschreiben!

Per Kahn – gemächlich durch Fluß und Ried!

Mit Schi und Schlitten ins Winterland! Die motorisierte Konkurrenz muß in der Garage auf den Frühling warten.

Diese Postkutsche, 1939 in Bad Kudowa aufgenommen, ist schon eine Reminiszenz an vergangenen Glanz.

Das Auto – gewiß ein willkommenes, aber auch gefährliches neues ”Treibsel”, weil's in jeder erstbesten Kurve umkippen kann. Und dann wie ein Käfer zappelt.

Ein stolzes Gefühl, in der Kraftpost zu fahren! Hocherhaben über den anderen Teilnehmern des Verkehrs. Von weitem angekündigt durch das helle ”Tatü – Tata!”

In Ullerdorf, Grafschaft Glaz, ist ein Zugunglück passiert. Die Bergungsmannschaft scheint's nicht tragisch zu nehmen. Sie strahlt Zuversicht aus.

Die Bahn mit Puffpaff. Lok
und Rauch
und einem Rucksack Reise
auch.
Reise bis wo die Welt
bekannt
sich einpfeift ins Allwelten-
land.

Die Bahn – der neue Traum!
Der Eisenbahner –
ein Traumberuf.
Herr über Raum und Zeit!

Hier: Im Stellwerk eines Verschiebebahnhofs.

Wenn aber die Herren vom Stellwerk Raum und Zeit vergessen, gibt's Rangierunfälle wie diesen hier.

Einweihung der neu gebauten Kleinbahnstrecke von Kohlfurt nach Rothwasser/Oberlausitz am 21. 10. 1913. Die ortsansässigen Viehhändler hatten durch Übernahme von Aktien diesen Bahnbau finanziert.

Bahnhof, Bahnhof!
Einsteigen. Aussteigen.
Dazwischen Leben.
Warten. Warten.
Davor. Danach.

Die Klein-Ausgabe eines Bahnhofs. Gehegt und gepflegt vom Vorstand und seiner Familie.

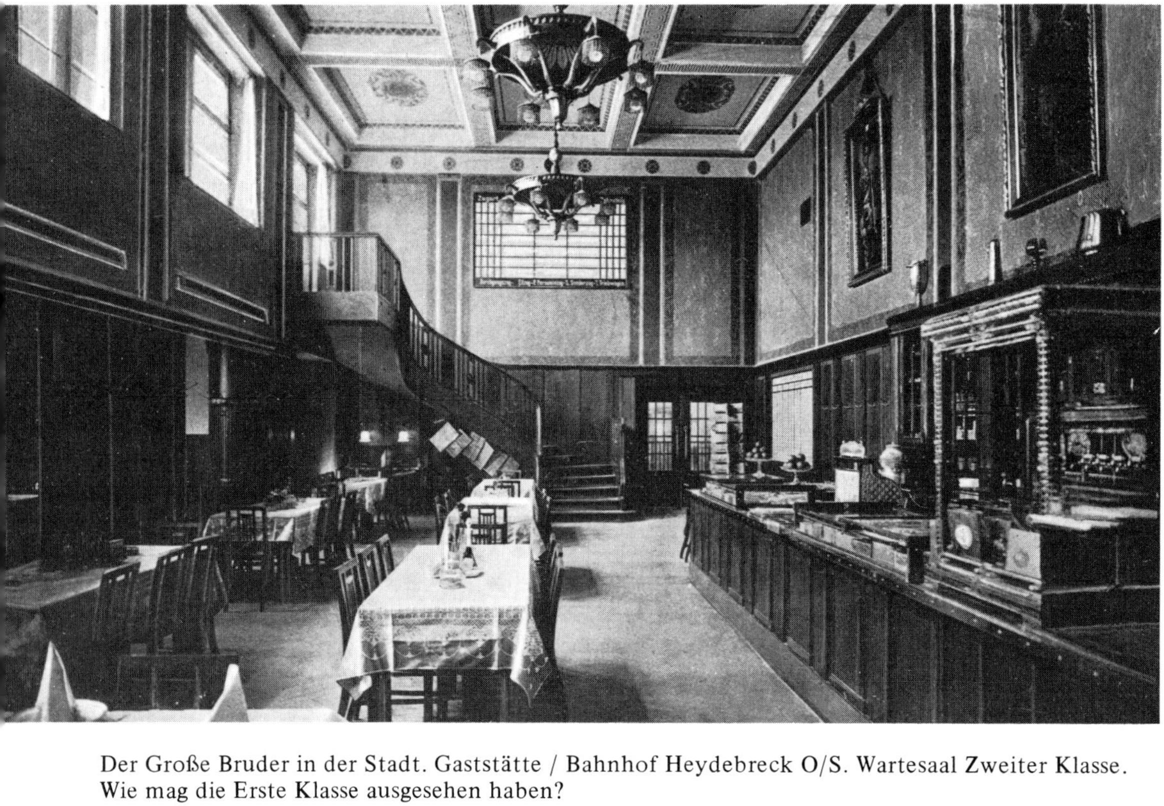

Der Große Bruder in der Stadt. Gaststätte / Bahnhof Heydebreck O/S. Wartesaal Zweiter Klasse.
Wie mag die Erste Klasse ausgesehen haben?

Jedweder Mensch hot seine Ohrte,
Wu a im Stillen flennen kan;
Do macht ma weiter keene Wohrte,
Und tutt's irscht keenem andern sa'n:
Ma giht alleene aus em Haus
Und weent sich ganz alleene aus.

Ihch ha an'n Ohrt, wu hohche Buchen
Beisammen in a'm Kessel stihn,
Kee Mensch kümmt durte nei gekruchen,
Ma sitt ooch keene Bliemel bliehn;
's uhs nischte durt wie Einsamkeet
Und ihch mid meinem Härzeleed.

Und giht dernoch de Sunne under,
Do stellt sich noch a drittes ein,
's kümmt vun a grienen Buchen runder
Und fra't: Tar ihch derbeine sein?
Mit Härzeleed und Einsamkeet
Vermengt sich de Glicksaelichkeet.

Das schrieb Karl von Holtei. Und über Karl von Holtei und sein Gedichteschreiben im Dialekt schrieb ein Rezensent:
" . . . Nur unsichere Ahnungen hatte man früher in der Außenwelt von dem schlesischen Gemüt: dem allerliebsten Gemisch von polnischer Lebhaftigkeit und altsächsischer Bedächtigkeit, von gutmütiger Einfalt und kalkulierendem Scharfsinn, von sentimentaler Weichheit und reflektierender Ironie; von lauter Fröhlichkeit und andächtigem Ernst. Wer unterhält seine Kameraden auf der Gesellenbank? Der Schlesier. Wer weint mit seiner Geliebten im Mondenschein? Der Schlesier. Wer wischt sich diese Tränen mit dem Tabaksbeutel ab und denkt zuletzt: "Es ist alles Wurst?" Der Schlesier. Wem steigt der Wein am schnellsten zu Kopf, und wer hält doch am längsten beim Becher aus? Wieder der Schlesier. Wer verzückt sich am tiefsten in mystischer Gottseligkeit und wer spricht am gleichgültigsten mit dem Teufel? Immer der Schlesier. Alles, was man auf Erden nur werden kann, wird der Schlesier mit Leichtigkeit: Engländer und Russe, Minister und Seiltänzer, Posaune und Klapphorn, fromm und gottlos, reich und arm. Am liebsten wird er allerdings Poet, weil ihm das die Einseitigkeit erspart, irgend etwas Spezielles zu werden.
Der deutsche Dialekt, welcher sich in diesem Stamme allmählich aus dem Zusammenstoß fränkischer und sächsischer Kolonistensprache mit slawischen Lauten gebildet hat, ist so wunderlich wie die Anlage des Volkes. Bald dehnt er phlegmatisch kurze Vokale zu unerhörter Länge, bald schnellt er ungeduldig lange Silben als kurze heraus: platt und behaglich drückt er die Worte zwischen Zunge und Lippen, dunkle Doppelvokale macht er hell, er dröhnt nicht aus der Brust und rollt nicht aus der Kehle, sondern bildet sich die Laute zur Vermeidung von Anstrengungen im Vorderteil des Mundes mit breiter Zunge und sehr beweglichem Munde.

Er ist, wie die Dialekte in allen spät kolonisierten Ländern, fast auf jeder Quadratmeile ein anderer, und doch haben alle diese verschiedenen Sprechweisen so viel Gemeinsames, daß sie dem Hörer den Eindruck derselben Individualität machen. Holtei hat vortrefflich verstanden, dies Gemeinsame des Dialektes in der Schrift zuzurichten und dichterisch zu verwenden."

Die Kunst und ihre Kreise – so etwas wie das, was hier von Holtei gesagt wird, ist gemeint: "Das Gemeinsame". Natürlich gibt es in Schlesien Gipfel der Künste von den Barockdichtern Opitz und Gryphius bis zu den Romantikern wie Eichendorff und den Naturalisten wie Gerhart Hauptmann. In allen Künsten, zumal in der dichterischen, sind die Schlesier zeitweilig als Ludimagister aufgetreten, haben anderen vorgemacht, wie man's macht.

Aber es gibt auch noch etwas anderes – eine Übereinstimmung zwischen höchster Weisheit und einfachstem Gemüt in Schlesien; und daraus kommt das erstaunliche Erlebnis: daß zum Beispiel zwischen der Mystik Jakob Böhmes und dem Kumpeldeutsch der oberschlesischen oder Waldenburger Bergleute eine weite Eintracht besteht. Oder daß mit derselben Vehemenz, wie die Starschauspieler von Breslaus "Thalia" das "Hannele" spielen, dies die Theatervereinsler von Hain im Riesengebirge auch tun. Populismus, so nennt man es heute. Das heißt nicht: gegen den "Parnass", gegen den Götterhimmel der künstlerischen Spitzen. Das heißt aber: es geht ein Strom durch alle, der heißt Kunst, Weisheit. Oder eben: die Kunst und ihre Kreise.

Aus prähistorischer Zeit stammt diese erste Bildhauerarbeit. Auf dem Zobten steht sie. "Die Jungfrau ohne Kopf mit Fisch" und "Der Bär". Von den Historikern vielfach gedeutet. Von den Wanderern unkompliziert bestaunt.

Jakob Böhme (1575 – 1624) ist in Görlitz geboren und liegt dort begraben. Dieser einfache "Schuhmacher und Poet dazu", der über seiner Schusterkugel sinnend sich die schwierigsten Gedanken um die Wechselbeziehung zwischen Gott und dem Menschen machte, ist der Erste in einer langen Reihe schlesischer Dichterphilosophen.

DIE KUNST UND IHRE KREISE

Carl von Holtei (1798 bis 1880), Theatermann und Mundartlyriker, vielen Schlesiern bekannt durch sein geflügeltes Wort: "Suste nischt ock heem!" Allen gegenwärtig durch Schulbücher, Kalender, durch Straßennamen und durch die Breslauer "Holteihöhe".

Zwei Grundpfeiler der Neueren Schlesischen Literatur. Links Gerhart Hauptmann (1862 bis 1946), der naturalistische Dramatiker, der den schlesischen Dialekt auf den deutschsprachigen Bühnen heimisch machte. Rechts Hermann Stehr (1864 bis 1940), der den versponnenen schlesischen Menschen zum Thema seiner Erzähl-Werke wählte.

Ins Joseph Wittig-Haus in Neusorge sind Tausende gepilgert. Joseph Wittig (1879 bis 1949), Theologe und Dichter, hatte, wie Böhme, den Ruch des Ketzers an sich; für die Schlesier, oft unbotmäßige Gläubige, ein Anlaß mehr, ihn zum Ratgeber zu wählen.

Das Breslauer Lobetheater. Hier trafen sich die "Kunst und ihre Kreise" – die Schauspieler und die Zuschauer – zu gemeinsamen Willenskundgebungen. Das war im Jahre 1813 so, als gegen Napoleon die Welle hochschlug. Es zeigte sich in den Zwanziger Jahren, als hier Carl Zuckmayrs "Hauptmann von Köpenick" erstaufgeführt wurde. Paul Barnay, Intendant des "Lobe" machte hier mit revolutionären Inszenierungen Geschichte.

Gemäßigter, aber nicht weniger originell ging's zu im Breslauer Stadttheater, dem einzigen Opernhaus Schlesiens.

Der Bühnenvorhang im Stadttheater Gleiwitz war ein besonderes Kleinod. Schönwälder Stickerinnen stickten ihn nach einem Entwurf von Frau Professor Erna Hitzberger.

Jede Stadt hatte selbstverständlich ihr Stadttheater mit festem Ensemble. Hier das Stadttheater in Görlitz.

Vor allem auf dem Land blühten die Spielvereine. Der Spielverein Grüben/Oberschlesien bot zu Neujahr 1926 den "Biberpelz" von Gerhart Hauptmann – ungekürzt mit Zwischenmusik und Tanz!

Spielverein Grüben OS. Krs. Falkenberg.

Einlaß 6 1/2 Uhr. Dauer 4 Stunden. Anfang 7 Uhr.

Spielplan:

Der Biberpelz.

Eine Diebeskomödie in 4 Akten v. Gerhard Hauptmann.

Zeit und Ort: Vor dem Kriege in der Nähe von Berlin. (Ungekürzt).

I. Akt.
In der Wohnung der Wolffen, abends 11 Uhr.
„. . . . Schindſt Du meine Kinder, ſo nehm ich Dein Holz."

II. Akt.
Im Amtslokal des Amtsvorſtehers.
„. . . Mir iſt nichts Verdächtiges uffgeſtoßen!"

III. Akt.
Im Diebesneſt, Sonntag morgen.
„. . . Meinen Pelz werde ich wiederbekommen Frau Wolff."

IV. Akt.
Die Unterſuchung im Amtszimmer.
„Der Pelzdieb iſt alſo wohl nach Berlin, da werden wir ſchlechtes Suchen haben."

Perſonen:

von Wehrhahn, 27 Jahre alt, junger unerfahrener Amtsvorſteher,
Krüger, 70 Jahre alt, Rentier,
Doktor Fleiſcher, 33 Jahre alt, ſtiller, beſcheidener Privatgelehrter,
Philipp Fleiſcher, 6 Jahre alt, verzogenes Söhnchen,
Motes, 31 Jahre alt, verſchlagener hinterliſtiger Kriecher,
Frau Motes, 30 Jahre alt, geweckte junge Frau,
Frau Wolff, 40 Jahre alt, raffinierte Diebin,
Julius Wolff, 50 Jahre alt, verſoffener Spreeſchiffer und Wilddieb,
Leontine, } ihre Töchter, 18 Jahre alt, Dienſtmädchen bei Krüger,
Adelhaid, } ihre Töchter, 13 1/2 Jahre alt, eine ſehr „gebildete" Tochter,
Wulkow, 55 Jahre alt, ſchmuddliger Schmuggler,
Glaſenapp, 24 Jahre alt, Amtsſchreiber,
Mitteldorf, 45 Jahre alt, Amtsdiener, ängſtlicher Trunkenbold.

Vollkommen neue Bühnenausſtattung u. Beleuchtung.

Zwiſchenaktmuſik ausgeführt unter Leitung:
Kapellmeiſter Karl Scheiblich, Grüben.

1. Marſch, Rückkehr der Fahnenkompagnie . . von Blon,
2. Luſtſpielouvertüre . . . . „ Quela Bella,
3. Geſchichten aus dem Wiener Wald . . . . . „ Strauß,
4. Vaterländiſches Potpourri . . . . „ Kruſe.

I. Aufführung am 1. Januar 1926 ohne Tanz,
II. Aufführung am 3. Januar 1926
mit anſchließendem **Tanz im Beck'ſchen Saal, Grüben.**

Preiſe der Plätze:	I. Platz, Saalmitte	1,— Mk.
	II. Platz, vordere und hintere Reihen . .	0,70 Mk.
	Stehplatz	0,50 Mk.

Das Theater Rausch spielt den "Glockenguß zu Breslau", ein Stück nach der Schauerballade von Wilhelm Müller.
Die Moral von der Geschicht':
Töte Deinen Gesellen nicht!
Zwar schöner klingt dann Deine Glocke!
Du aber endest auf dem Pflocke!

Eine Habelschwerdter Heimatgruppe spielt vorm Glatzer Berg-Massiv das "Weiße Roß". 1933.

Hirten aus einem Weihnachtsspiel, aufgeführt auf Schloß Großbaudiss, Kreis Liegnitz, 1920.

Die traditionelle, alljährlich im Winter stattfindende Theateraufführung der Laiengruppe des Gemischten Chores in Rothwasser, Kreis Görlitz, war für die Akteure offenbar ein Heidenspaß.

Der Landvogt Gessler, der Schweizer Bauer Wilhelm Tell und die Reisigen auf dem Saum eines Steinbruchs – eine monumentale Freilicht-Kulisse schenkt der Steinbruch bei Krotenpfuhl, Kreis Habelschwerdt, dem Walter-Blachetta-Laienspiel vom Wilhelm Tell.

In der Fridericus-Festung in Glatz wird die friderizianische Zeit zu neuem Leben erweckt! Was mit diesen schmucken Uniformen nicht schwer ist!

Wie weit Theaterspiel verbreitet ist, hier steht's: Weihnachtsspiel in der Firma Kaisers Kaffeegeschäft, Breslau, Ofenerstraße. 1938.

Reigen der Schnitterinnen – 1911. Letzter Ausläufer der lieblichen Schäferspiele aus dem Barock.

Die "Schlesische Funkstunde", 1924 gegründet, baute sich 1926 dieses Haus in Krietern. Friedrich Bischoff, Dramaturg und Literat, war 1925 zum Künstlerischen Leiter dieses Senders berufen worden. Hier wurden, von ihm als Initiator, die ersten "Hörspiele" gesendet. "Hallo, hier Welle Erdball!", "Menschheitsdämmerung" u.a.

Schlesische Funkstunde

ALLGEMEINE TAGESEINTEILUNG

der Rundfunk=Sendungen auf den Wellen 322,6 und 250

VORMITTAGS

8—9 Uhr: Morgenkonzert
(nur Sonntags)
11.00 ,, Morgenfeier, geistliche Musik
(nur Sonntags)
11.15 ,, Wetterbericht und Wasserstände der Oder
(täglich, außer Sonntags)
11.30 ,, Schallplatten=Konzert und Sendeversuche für die Industrie

NACHMITTAGS

12.55 Uhr: Nauener Zeitzeichen, anschließend Wetterbericht und Wirtschaftsnachrichten
3.30 ,, Erster landwirtschaftlicher Preisbericht, Devisen=kurse, Pressenachrichten
(täglich, außer Sonntags)
3.45 ,, bis 4.15 Uhr: Schallplattenkonzert, Dichter=gedenkstunde
(Stunde mit Büchern einmal wöchentlich)
4.30 ,, bis 6.00 Uhr: Nachmittagskonzert
(Unterhaltungsmusik, Lieder und Balladen)
5.00 ,, Zweiter landwirtschaftlicher Preisbericht
(täglich, außer Sonnabends und Sonntags)
6.00 ,, Kinderrundfunk, Lehr= und Bildungskurse
6 45 ,, Wetterbericht und Ratschläge fürs Haus
7—8 ,, Hans Bredow=Schule: Lehrvorträge
8.00 bzw. 8.15 bis 10.00 Uhr: Das Abendprogramm:
(Heitere u. ernste Darbietungen, Symphoniekonzerte, Kammermusik, Opern, Operetten, Hörspiele, Gesang und Rezitation, Militärmusik, Übertragungen von anderen Sendern)
10.00 Uhr: Letzter Wetterbericht, Tagesneuigkeiten, Zeit=ansage, Sportfunk
10.30 ,, bis 12.00 bezw. 1 Uhr: Tanzmusik

Das Große Rundfunk-orchester mit seinem Leiter Ernst Prade (Hände übereinander), neben ihm die weltberühmte Pianistin Elly Ney.

Schulfunk im Sinne von: Von Schülern für Schüler – das war ein Prinzip des neuen Mediums Funk, das sich rasch die Herzen eroberte nach seinem – von Hans Bredow formulierten – Motto: "Zu sagen, wie es ehemals die Rhapsoden, die Geschichtenerzähler verstanden, die zwar nicht die Schrift besaßen, aber das Geheimnis des strömenden Wortes".

In einer festlichen Atmosphäre, in mozartischen Kostümen, traten Kammermusiker im Schloßmuseum Breslau auf. In immer neuen Formen wurde Musik an die Menschen gebracht – in den Zwanziger Jahren der experimentierfreudigen Kultur.

Sehr viel individuelle Initiative schuf in Schlesien Musik-Kultur. Diese Musikvereinigung hat Frau Elly Holz-Gressinger, damals 18 Jahre jung, gegründet. Zuerst musizierte man zu zweit. Schließlich kamen weitere Mitglieder hinzu, bis sich ein vollständiges Orchester bildete.

Spielmannszüge, wie dieser Neuweistritzer Spielmannszug hier in einem Steinbruch, bildeten sich in Verbindung mit der Wander-Sing- und Spielbewegung überall.

Das kirchliche Leben suchte sich desgleichen musikalisch zu bereichern. Hier Kapellmeister Menzel mit seinem Posaunenchor. Er spielte beim Gottesdienst in der Evangelischen Kirche in Rothwasser, Kreis Görlitz.

Das Damen-Orchester "Reymond". Breslau 1907. Anfang der Emanzipation auch auf künstlerischem Gebiet. Aber der Chef ist ein Mann.

Ländlerkapellen, wie diese von Mittelsteine, zogen über die Dörfer und spielten zum Tanz auf.

Der hier an der Staffelei sitzt, ist Kopist. Er hat in der Neuweistritzer Kirche den Taufstein vergoldet.

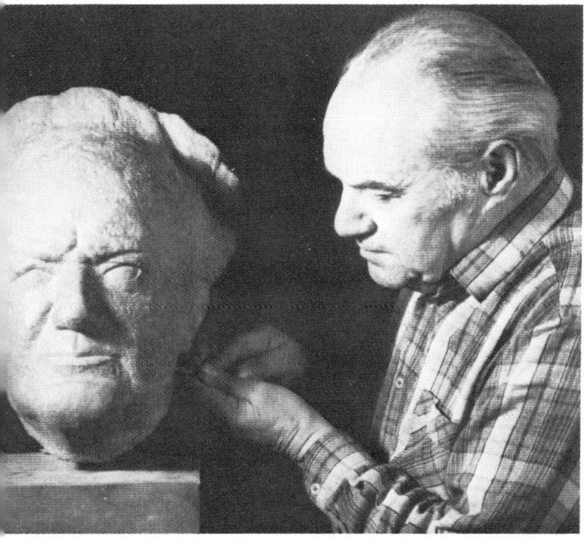

Cirillo dell'Antonio ist allen Riesengebirgswanderern ein Begriff. Er hat die Warmbrunner Bildhauerfachschule gegründet. Unter seiner Leitung sind die vielen holzgeschnitzten Wegeschilder entstanden, des Riesengebirges plastischer Schmuck. Diese Warmbrunner Meister-und-Schüler-Stätte hat ihre Ausstrahlung in die ganze Welt gehabt. Viele Holzbildhauer sind aus ihr hervorgegangen, die heute noch zu den bedeutendsten ihres Fachs zählen. Silvio dell'Antonio gehört dazu. Letzte Hand legt er hier an ein Porträt Gerhart Hauptmanns.

Maria und Kind von Paul Mutter. Aus dem Stamm wächst die Figur. Mit der Maserung fließt das Gewand.
Das Bild gewährte uns Barbara Mutter.

Schlesien ist ein religiöses Palettenland. Soviele Schlesier, soviele religiöse Farben! Man erzählt sich die Geschichte von der Breslauer Barbara, die samstags so lange in den Kirchennachrichten des "Breslauer Generalanzeigers" gelesen hat, daß sie, davon verwirrt, sonntags nicht ihren gewohnten Gottesdienst aufsuchen kann. Was für einen? Den altkatholischen? Den der Methodisten? Den der Christengemeinde, den der Böhmischen Brüder, den des Jan Amos Comenius? Oder denjenigen, der mit Pathos von der evangelischen Kanzel von Sankt Elisabeth herabgepredigt wurde? Oder von der Altarstufe des Hohen Domes zum Heiligen Johannes dem Täufer? Schlesien ist schon zu Luthers Lebzeiten Lutherland geworden. Breslau rühmt sich bereits 1532: daß in dieser Republik (so nannte sich Breslau) nur noch ein einziger katholisch sei, nämlich der Fürst auf dem Bischofsthron. Aber natürlich blieb's nicht dabei. Nicht nur daß innerhalb des Protestantismus Spaltung entstand; Kaspar von Schwenckfeld ist ein Name dafür – es gab unter den Habsburgern, unter Kaiser Rudolf dem Zweiten, wieder den Pendelausschlag zum Glauben aus Rom. Und es gab vor allem den Großen Krieg in Deutschland, wie Ricarda Huch den "Dreißigjährigen" nennt.
Buchstäblich nie herausgekommen ist Schlesien aus diesem Großen Krieg – religiös. Schlesien ist recht erst durch ihn ein religiöses, das heißt eben ein vielfarbig-bekenntnishaftes Land geworden. Es hat in Andreas Gryphius den Dichter gehabt, der den "Chor der Religionen" als neue Literaturform erfand. In ihm erklingen alle Religionen – aber der Grund aller ist die eine, die einzige, die aber nicht bei den Menschen ist, sondern bei Gott.

Bischofswappen 1499. Breslau und sein Bistum ist hier symbolisiert. Links Johannes der Täufer. Rechts die Heilige Hedwig, die Landesheilige, in der Hand das Kloster Trebnitz, zu Füßen das "W", Kürzel für Wratislawia.

1927 wurde in Breslau der Grundstein zur Kirche gelegt, die den Namen des neuen Heiligen Clemens Maria Hofbauer trug. Als Bischof-Vertreter fungierte der Generalvikar Dr. Blaeschke.

In Borganie, Kreis Breslau, wurde 1908 der turmlosen Kirche ein Kirchturm aufgesetzt. Am Bau beteiligte Handwerker vor ihrem Werk.

Glockenweihe. In schmucker Prozession ziehen die Sonnenberger Katholiken mit ihren drei neuen Glocken durch den Ort.

In Leutmannsdorf ziehen die Protestanten, in Zylinder, hinter ihrer neuen Glocke her. Die Schuljugend freut sich auf den Glockenaufzug.

Das Pfarrhaus in Groß-Baudiss. Undenkbar, daß der Pfarrer nicht gleich neben der Kirche wohnt.

Der Superintendent Schloßbauer an der Glocke in Arnsdorf – Prototyp des schlesischen Pastors.

Zwei Prototypen des schlesischen Pfarrers unterhalten sich – vorm Portal in Albendorf – mit Deutschlands damaligem Lieblings-Tenor Richard Tauber (er soll das jedenfalls sein!?).

Schlesische Ordensschwestern der katholischen Kongregation der Borromäerinnen – deren Mutterhaus in Trebnitz stand – nach dem Zweiten Weltkrieg vor dem Hindelanger Krankenhaus, ihrer Neuniederlassung im Allgäu, in ihrer Tracht.

Gemeindeschwestern der evangelischen Kirche in Reichenbach/Eule in Kragen, Haube und Habit.

Als Friedrich der Große im Schloß Köben krank lag, fragten ihn Bauern, wie sie die neue Kirche bauen sollten. Da der König grade gefrühstückt hatte, drehte er seine Tasse um, stellte sie vor die Bauern und sagte: "Baut sie so!" Deshalb hat Köben eine achteckige Kirche.

Die evangelische Kirche auf dem Ring Dyhernfurt hat ebenfalls eine originelle Form. Eine "jerusalemische Tendenz" ist im protestantischen Kirchenbau des 18./19. Jahrhunderts zu erkennen.

Ein Missionskreuz – zur Sammlung von Gebet und Geld für die Christianisierung insbesondere Afrikas – bei St. Heinrich in Breslau.

Der ornamentreiche polnisch-ukrainisch anmutende Stil einer katholischen Dorfkirche Schlesiens.

Die evangelische "Galerie"-Kirche: Die Gnadenkirche von Freystadt. Der schwedische König Karl XII zwang den Kaiser Ferdinand III. von Österreich in der "Altranstädter Konvention" 1707 dazu, den schlesischen Protestanten über die drei gewährten "Friedenskirchen" hinaus noch weitere Kirchen "gnadenhalber" zu erlauben.

So, halb fromm, halb frei, stilisiert der Fotograf den "Kirchgang" zu einem "Lebenden Bild" im pittoresken Wölfelsgrund.

Primiz des späteren Ehrenprälaten Karl Baier, des Leiters des Europäischen Hilffonds Wien (1915 – 1917) in Obernigk.

Zum Erntedankfest geschmückter Altarraum in der Evang. Kirche in Rothwasser/Oberlausitz.

Gottesdienst am Heiligen Abend in der gleichen Kirche. Hier entstand der seltene, aber schon sehr alte Brauch, daß die Konfirmanden ca. ein Meter hohe, in drei Etagen von Kerzen erstrahlende Weihnachtspyramiden, sogenannte "Christleuchter", zur Christnacht in die Kirche mitbrachten.

Weihnachtsszene, gestellt von der Katholischen Spielschule Landeck.

Der Heilige Franz von Assissi ist der Erfinder der Weihnachtskrippen. Deshalb ist die Krippe der Franziskaner in Carlowitz die prächtigste in ganz Breslau. Die Aufbauten füllten den ganzen Altarraum und wurden Jahr für Jahr variiert. Mal war der Hintergrund knusperhäuschenfränkisch. Mal lag Bethlehem im Allgäu. Andere Kirchen hatten Mühe, in diesem Wettbewerb mitzuhalten, auch wenn sie ein totales Jerusalem aufrichteteten oder, wie St. Michaelis im Zweiten Weltkrieg, die Kreuze von Kalvaria über die Krippe stellten.

Wallfahrt – das heißt für Oberschlesien: Annaberg – Inbild für den weiten weinenden Weg der Seele zu Gott in einer kargen melancholischen Landschaft.

Wallfahrt – das heißt für Niederschlesien zum Beispiel: Albendorf. "Das schlesische Jerusalem", steinern und streng. Inbild für die Gottesstadt, jedermanns Burg und Geborgenheit.

Aufgenommen beim Ablaßfest am Dreifaltigkeitstag – einer wallfahrtähnlichen Sitte –: Ein Buchhändler hat eine Bude aufgebaut zum Verkauf von Heiligenbildern, Rosenkränzen und Spielzeug.

Feldprozessionen, wie diese, gingen in die Äcker, um den Segen auf sie herabzubitten.

Aus Heinersdorf und Kalkmannstal kommen diese Bittflehenden. Für viele Mägde und Knechte bedeutete die Wallfahrt die einzige Gelegenheit, einmal einen Ausflug zu machen.

In Wartha, einem dritten schlesischen Wallfahrtsort, geht der Weg der Besinnnung durch die Idylle der Natur.

Wallfahrt der Jungmädchen aus Landsberg – wobei das "jung" liebevoll-großzügig ausgelegt wurde.

Auf der Wiese beim Buchenwald spielen Kinder während einer Wallfahrt nach Trebnitz, einem weiteren in der Nähe von Breslau gelegenen Wallfahrtsort. Dorthin ging ein eigenes "Bähnle". Es hatte in Breslau einen eigenen koketten Bahnhof!

Konfirmation – der wichtigste Tag im Leben eines Protestanten. 1934 in Rothwasser mit Pfarrer Schwager.

Evangelisch-kirchliche Arbeitslager wurden 1926 in Schlesien gegründet, um Studenten mit Arbeitern und Bauern zusammenzuführen, um das Christentum sozial zu fundieren. Hier eine Freiwillige Arbeitsdienst-Gruppe in Reichenbach/Eule mit Pfarrer Bunzel.

Auch in Reichenbach/Eule: Eine "Jugend-Bibel-Freizeit" für Mädchen.

Gemeindemitglieder aus Reichenbach brechen auf zu einer Diasporafahrt. Das heißt: Sie besuchen eine kleine Gemeinde, die in der Diaspora lebt. Eine alte Sitte seit 1700, seit der Vertreibung der Protestanten in der Gegenreformation.

Schlesische Dorfkirche, ein Ensemble aus Gotteshaus, Pfarrhaus, Friedhof, umgeben von einer Mauer, offen durch ein einladendes Tor. Es öffnet sich dem Zug der Kommunikanden. Es dient als Kulisse dem feierlichen Einzug des Brautpaares. Es schließt sich hinter einem Toten.

"O ihr reichen Menschen!
Über euren
Häuptern ist immer die
Unendlichkeit, eure Augen
schauen dorthin, wo keine Grenze
liegt. Über allen Grenzen liegt
eure Hoffnung, und in goldenen
Unermeßlichkeiten wißt ihr
eure Heimat!"

Paul Keller

SPIEL UND SPORT

Jagd zum Beispiel war akzeptiert. Die hatte sogar einen königlichen Nimbus, weil ja auch immer Fürstbischöfe und Kronprinzen mit von der Partie waren. Aber Sport verband sich für die meisten Leute aus den "Goldenen Zwanzigern" in Schlesien mit geheimbündlerischer Obskurität.
Das wurde erst anders, als die Pädagogen "in Sport" machten – und Sport Schulfach wurde: richtiges, nicht so wie bisher das "Turnen" mit der am Reck schwingenden Klosterfrau. Jetzt wurde Sport als Leichtathletik, als Spiel-Sport eine Art Anleitung zu Gemeinschaft, zu Noblesse, zu Caritas.
"Turnspiele und Liederreigen", Sport also mit Lied, das war der Titel eines Buches; dessen Verfasser war mein Großvater, der Königlich Preußische Kreisschulinspektor Schulrat Joseph Weichert aus Leschnitz mit dem Sitz in Groß-Strehlitz. Im Zuge der Reformpädagogik als Stifter einer Lehr- und Erziehungsanstalt für geistig Behinderte beschäftigte sich dieser gründerzeitliche Mann mit dem Problem des Musischen als Element einer erneuerten Schule. Da wollte er Sport und Ton zu einem Duo machen. Davon sollten seine Schutzbefohlenen fasziniert sein.
Aber Sport als Massenaufmarsch? Und zwar mit dem um 1925 einsetzenden Fußballboom! Da wurde das Breslauer Stadion gebaut. Da gab's die ersten Fußballspiele mit 100.000 Zuschauern.
Und Sport als Sechstagerennen? Unser Sportlehrer fand meine Fotosammlung mit den 6-Tage-Starts von "Mifa" eine Perversion: mit Sport habe das nichts zu tun, höchstens mit Geldsport, falls das ein Sport sei! Gleichwohl waren die Breslauer, die Schlesier, die Deutschen, die, auf die wir stolz waren, die Schauspielerinnen, die Opernsänger, die Dichter, die Jockeys, die Ozeanflieger wie der Hauptmann Köhl und die Zeppelinkapitäne wie der Doktor Eckener enthusiastische Besucher der Jahrhunderthalle, wenn dort im Januar/Februar die Sechtagerennbahn eingebaut war – so setzten sie die Spurts an: mit hohen Einsätzen. Und was herauskam, kam den arbeitslosen Musikern oder den gelähmten Kindern zugute.

Und in den Pferden
lodert ein Willen,
der an der Erden
Rand erst zu stillen.

Niemand hätte einem Schlesier sagen dürfen, daß seine Reit-Turniere Gesellschafts-Etiketten seien! Sport hatte in Schlesien keine konventionelle Grenze. Er war in Schlesien offen, wie dieses Schlesien offen war.

Über Baum und Dach in den Himmel hinein ein Handstand auf dem Barren.

Auch beim Reichsbahnausbesserungstrupp war Turner Artur Nitter immer im Training. Die Freiluft-Kultur dringt von der Jahrhundertwende an auch in die Welt der Arbeit.

Erinnerungen an die Geschichte der Turn- und Sportbewegung: Die Vorturnerschaft des Alten Turn-Vereins Görlitz 1909 und das Tambour-Corps des Turn-Vereins Ullendorf 1908 – 1909. In ihrer Steifheit nehmen sich diese Bilder wie Szenen aus der Zeit aus, in der – hundert Jahre zuvor, um 1813 – unter dem Namen "Körperertüchtigung" von Friedrich Ludwig Jahn und Karl Friedrich Friesen Widerstandstrupps gegen Napoleon gebildet wurden.

Aus Turnen wird Sport. 1932, auf dem Sportfeld Breslau, im Stadion, schon populär in Schulen und Hochschulen, in Vereinen und Gewerkschaften gewohnte Pflege von Leichtathletik – hier: Weitsprung.

Da gibt es natürlich auch Sieger. Hier, beim Fest des Turngau Breslau in Brieg 1932, die Sieger im leichtathletischen 5-Kampf, Herbert Bulst, und im gemischten 12-Kampf, Erich Deutscher.

Bauch rein! Brust raus! Der Erfolg ist individuell! Bei der Turnabteilung des Turnvereins Habelschwerdt 1932.

Die Frauenriege des Turnvereins Jahn in Köben: In Schleiertanz-übender choreographischer Positur.

Die schlesische Riege beim Hallensportfest der Breslauer Sportpresse 1931 in der Jahrhunderthalle.
Auch die Ästhetik der neuen Körper-Kultur im weißen Dreß macht Schule!

Frauen des BTV (Breslauer Turn-Verein) bei einem Ausflug in die Strachate.

Der Alte Turn-Verein Breslau bei einer Riesengebirgswanderung und bei einer Radpartie, eingekehrt in einen Heidekretscham. Ziel des Sportes ist nicht individuelle Hochleistung hervorzubringen, sondern mit anderen zusammen auf gesunde Weise die Freizeit zu verbringen.

Auf der Radrennbahn Breslau-Grüneiche flirtet der Sport mit dem großen Geld. Die Akteure heißen Champions. Und das Publikum ist am Drumherum genauso interessiert, wie an den sportlichen Leistungen.

Der Verein für Rasenspiele in Neustadt/Oberschlesien. Rasenspiel – darunter versteht man: Fußball, Handball, Faustball, Basquet-Ball.

Ist Angeln Spiel oder Sport? Oder aber – Philosophie?

Baden gehn! Waden sehn! Wunderschön!
Das war nicht schwierig in Schlesien, weil's nämlich allenthalben Tümpel, Teiche, Bäche und Flüsse gab. Und wem das Wasser zu naß war, für den gab's genügend Sand, sich in ihn zu legen und sich zu sonnen.

Schwimmen gelernt muß werden!
Diese Wasser-Ratten lernen's.
Erst Angelhaken.
Dann Büchse. Dann Leine.
Und zum Schluß
das Freischwimm-Zeugnis.

Mit der zunehmenden Flußwasserverschmutzung wurden künstliche Badeanstalten akut.
Die Städtische Badeanstalt in Grünberg.
Das Gartenbad in Oberglogau.
Das Strandbad Rübezahl in Brückenberg.
Jedes von ihnen ist ein anderer raffinierter Versuch, Schwimmen, Baden, Sichsonnen und Konditorn zusammenzubringen.

Oberglogau/O.-S. - Das Gartenbad

Strandbad Rübezahl, Brückenberg i. Rsgb

In Steinau an der Oder war's in der Oder zu baden riskant: Wegen der Strudel, wegen der Schiffe. Dafür gab's ein Freibad mit laienartistischen Darbietungen auf dem Sprungbrett. Und auch sonst mit Kurzweil in und am Wasser.

Ein pompöses Schwimmstadion mit 10-Meter-Turm bekam 1926 das Breslauer "Olympische Stadion". Es war für Wettkämpfer so begehrenswert, daß es fast jeden Nachmittag wegen Trainings gesperrt war.

Woher haben die Hörnerschlitten ihre Hörner?
Friedrich Bischoff antwortet:
"Vielleicht, daß Freyas Ziegengespann,
Als es dampfig den Tann durchrannte,
Im Traum erschien dem silingischen Mann,
Der hörnig die Kufen spannte".

Aus Schreiberhau im Riesengebirge schrieb der Schüler Theophile Weibel an den Schüler Thomas Prenn: "Rodeln geht fein, wenn man zwei Stunden gegangen ist, rodelt man den Weg in 20 Minuten zurück".

Das Riesengebirge, obwohl nur ein Mittelgebirge, die Schneekoppe ist 1605 Meter hoch, ist sehr schneesicher. Bis über Ostern liegt hier Schnee. Weshalb es stets wimmelte – vor allem von Berlinern. Aber weil ja jeder anständige Berliner aus Breslau stammte, war man dann eben doch wieder unter sich.

Segelfliegen – kein alltäglicher Sport! In Steinau machten sich 1933 ein paar Schüler daran, ein eigenes Segelflugzeug zu bauen. Nach 1.000 Arbeitsstunden und mit sachverständiger Hilfe war der Schulgleiter fertig. Schädelspalter – so hieß dieser Typ makabrerweise. Aber er war robuster als gedacht, in Tragfläche und Gitterrumpf, so daß ihm auch Quax, der Bruchpilot, nichts anhaben konnte.

Segelfliegen auf dem Költschen-Berg, Kreis Reichenbach.

Vom Segelflug zum Motorflug – ein Schritt!

Aber vom Motorflugzug zum Zeppelin – ein Schicksal!
Wer noch das leise Tuckern der gemütlichen Luftschiffe im Ohr hat, mag bedauern, daß diese sympathischen Zigarren den donnernden Düsenjägern gewichen sind.

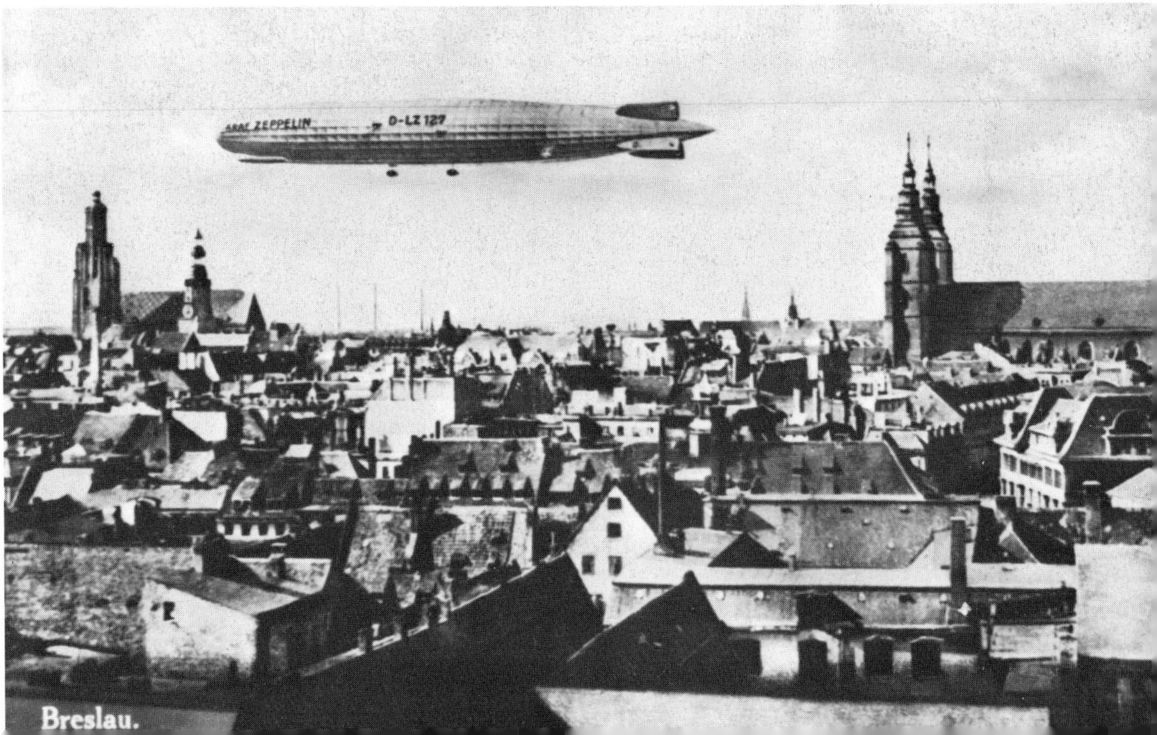

VEREINE

Ein Hang zum Konventikeltum ist dem Schlesier stets nachgesagt worden. Für Konventikel könnte man sagen: Vereine. Jedenfalls, wie man's auch sagt, gehört's in das große Kapitel von der Versponnenheit derer von der Oder. Diese sonderbaren Leute suchen sich gerne Zufluchten vor der Familie und dem Staat. Sie haben eben doch etwas in sich – das stimmt mit diesen beiden gesellschaftlichen Formen nicht überein. Wie soll man's nennen –? Am besten wird's klar, wenn man sich aus dem Kunterbunt der Vereine diejenigen herausgreift und anguckt, die mit dem Äußersten zusammenhängen, wohin ein Mensch gestellt wird. Die Soldatenvereine. Es ist Wehmut, die zu solchen Vereinsgründungen führt. Wehmut über Schicksal.

Wir Kinder sind zu allen Soldatenvereinen gelaufen. Sie haben in Wohlau die schönsten Umzüge gemacht. In dieser kleinen Stadt der Piasten mit dem Renaissancerathaus gab's zu den Sonntagen des Hochsommers den Aufmarsch des "Stahlhelm, Bund der Frontsoldaten", des "Reichsbanner Schwarz-Rot-Gold" und des "Roten Frontkämpfer-Bundes ROSA LUXEMBURG". Mit ihnen allen sind wir tüchtig mitmarschiert: vom Bahnhof durch die Akazienallee übers Landwehrdenkmal bis zum Roßmarkt. Dafür haben wir auf dem Roßmarkt Wienerwürstchen und Limonade spendiert bekommen; und auch Fähnchen hat uns der "Papier-Pope", unser Schreibwarenonkel, geschenkt. Zur Erinnerung. Schwarz-weiß-rote. Schwarz-rot-goldene. Rote. Die haben wir dann immer auf dem Balkon in der Wohnung Bismarckstraße in die Pelagonienkästen gesteckt. Nur bei den roten gab's aus der Nachbarschaft Entsetzen und von unserer Mutter den Kochlöffel. Damit verdrosch sie uns.

Das letzte Bild ist ein sehr einfaches Bild. Ein Kreuz für Kosaken. Die liegen in Schlesien irgendwo.

Kosaken sind gern gesehene Fremde in Schlesien gewesen. Bei Blüchers Feldzug gegen Napoleon 1813. An der Lisswarthe in Oberschlesien, an der Grenze des Deutschen und Russischen Reiches bis 1914. Der Oberschlesier aus Botzanowitz, Hellmut von Pannwitz, hat in Zweiten Weltkrieg diese verlorenen Menschen, diese Kosaken, in einem Korps gesammelt, um ihnen eine neue Heimat zu geben. Ich hatte das Glück, dabei zu sein, Ich habe oft über die Freundschaft der Schlesier mit den Kosaken, über die Verwandtschaft dieser beiden nachgedacht. Ich denke noch heute darüber nach.

Wehmut über Schicksal,
das Menschen zu verlorenen Menschen macht,
mündet es nicht
in die Zuversicht:
solche Menschen
sind die Inbilder
unseres Menschseins?

"Im Unglück singen, das ist deutsch; aber das Unglück zu besingen, das geht noch einen Schritt weiter zur Höhe des Menschentums und in die Tiefe des Glaubens, und das ist schlesisch."

So sagt's Joseph Wittig

Schrebergartenvereine sind verhältnismäßig junge Vereine, entstanden um die Jahrhundertwende, mit dem handfesten Zweck, den Mietskasernenbewohnern zu einem Stück Gemüsegarten zu verhelfen. Daß dies auch zur Emanzipation der kleinen Leute beitrug, zeigt dieses fröhliche Bild aus Siegendorf/Arnsdorf.

Männergesangverein – Urbild aller Vereine! Es gab sie in jeder politischen und gesellschaftlichen Schattierung. Dieses Bild von 1897 zeigt, daß man dazu auch eine Frau braucht, die dafür sorgt, daß die Kehlen auch feucht bleiben!

Der "Rauchclub Rothwasser", begründet 1886, feiert hier sein fünfzigjähriges Bestehen. Geht dieses Kuriosum auf die Tabaksrunde Friedrich Wilhelms des Ersten, des Soldatenkönigs, zurück?

Der Gärtner-Verein Breslau schickt sich an, auf einem Dreirad-Auto ins Grüne zu fahren. Vereine, die Angehörige eines Gewerbes zusammenschlossen, verbanden aufs Angenehmste gesellschaftliches Vergnügen mit beruflichen Interessen.

Trachtengruppen, wie die hier, im März 1921 in Rosen, Kreis Leobschütz, hatten vor allem in Oberschlesien einen politischen Hintergrund. Diese altschlesische Tracht sollte beweisen, daß Oberschlesien hauptsächlich deutsch war.

Nachdem Bismarck 1878 in den Sozialistengesetzen "linke" Parteien verboten hatte, tarnten sich diese in politischen Vereinen. Diese Tradition setzte sich bis in die Zwanziger Jahre fort. Hier feiert das "Reichsbanner Schwarz-Rot-Gold e. V." von Kattern 1926 Bannerweihe.

Der katholische Kolpingverein unterstützte vor allem wandernde Handwerksgesellen, die bis in die Dreißiger Jahre noch unterwegs waren. Hier sitzt in Pfaffendorf, Kreis Lauban, Pfarrer Vogt inmitten seines Kreises.

Doppel-Fahnenweihfest des Katholischen Gesellen- und Jünglings-Vereins Weißstein 1910. Fast scheint es, daß die hübschen Ehrenjungfern die Hauptsache sind.

Das protestantische Gegenstück ist der CVJM (Christlicher Verein Junger Männer). Hier sind die Wohlauer grade dabei, auf einem Ausflug die Wienerle aus der Erbsensuppe zu ziehen.

Radfahrerclubs frönten einem fortschrittlichen Vergnügen. In Rothwasser wurde der Club schon 1896 gegründet. Obwohl die Dynamomaschine damals schon erfunden war, blieben die Fahrräder bis in die Dreißiger Jahre ohne Beleuchtung, wie man es auf dem Schnappschuß der radfahrenden

Eisenbahner in Schweidnitz sehen kann. Wer nachts noch radelnd unterwegs war, bewaffnete sich entweder mit einer funkensprühenden Zigarre, jonglierte, in der einen Hand ein Windlicht, oder hängte sich ganz fortschrittlich eine Karbidlampe über den Lenker.

Ein Selbstwertgefühl besonderer Art vermittelt der Motor. Da hat man eine Nummer, einen Führerschein und – ganz wichtig! – einen Sozius-Sitz. Hier probt der Motorradclub Rothwasser die neue Freiheit!

Wer ein Auto hatte, wie hier 1928 der Chefarzt des Städtischen Krankenhauses in Beuthen, Dr. Max Weichert, war selbstredend im ADAC, einer damaligen dringenden Notgemeinschaft. Auch der Chauffeur konnte nicht verhindern, daß ständig etwas kaputt war. Die Dogge hatte ihre feste Funktion. Entweder das Wrack bewachen oder den Herrn zu Fuß nach Hause begleiten!

Der Schützenkönig Wilhelm Hagedorn in Habelschwerdt 1895. Schützengilden – Bürgerwehren – gab es in Schlesien schon seit dem dem fünfzehnten Jahrhundert. Die Schützenvereine, im neunzehnten Jahrhundert en vogue, hatten einen elitären gesellschaftlichen Rang und waren nicht jedermann zugänglich.

Das Kaufmanns-Ehepaar Carl Schild aus Köben als Schützenkönigin und Schützenkönig.

Die Priviligierte Schützenbruderschaft Polkwitz feiert 1927 das 250-jährige Bestehen mit einem Festzug. Auf einem Festwagen wird das plastisch nachgebildete Polkwitzer Stadtwappen mitgeführt: Türme und Tor, die die Polkwitzer einstmals beschützten.

Die Freiwilligen Feuerwehren konnten zurecht stolz sein: Auf ihre schönen Uniformen, auf ihre glänzenden Pickelhauben. Bei den vielen Holzhäusern, bei den Strohdächern, waren Feuersbrünste die gefürchtetsten Katastrophen. Sie waren tatsächlich existenzruinierend. Die Freiwillige Feuerwehr Neiweistritz zieht geschlossen in die Kirche. Die Feuerwehr von Berndorff mit dem Löschwagen im Pfarrhof, wo auch geübt wurde. Eine berittene Feuerwehr und ihre Übungswand. Und das Spritzhaus in Neuweistritz: "Gott zur Ehr' / dem Nächsten zur Wehr".

Es ist eine Paradoxie der Geschichte der Menschheit: Schon in der Bibel wird der Krieg als Geißel der Menschheit verdammt, in den Heldenliedern werden die Toten seit alters beklagt, nach jedem Krieg pflegt man aufs neue den "Ewigen Frieden" zu beschwören – und doch ist der Militarismus nicht totzukriegen. Besonders im letzten Jahrhundert und bis zum Ersten Weltkrieg feierte er fröhlich-makabre Urständ'. Über die kriegslosen schrecklichen Jahre tröstete man sich mit Militärvereinen hinweg. In Rothwasser zieht der Militärverein zum alljährlich stattfindenden Königsschießen und präsentiert sich dann in einer Pyramide. In Görlitz marschiert das Landsturmbataillon am 9. August 1914 ins Feld, als ging's zu einem Volksfest. Am prächtigsten drapierten sich die Kavalleristen. Wie diejenigen von Pfaffendorf beim Militärschießen.

Eine aktuelle Aufgabe sahen die Militärvereine darin, das Andenken an die Kriegstoten zu pflegen. Trauriger Anlaß vor allem nach dem Ersten Weltkrieg. In Breslau weiht 1933 der Traditionsverband des Grenadier-Regiments König Friedrich III. (2. Schles.) Nr. 11 das Elfer-Denkmal in Breslau-Rosenthal ein. Das Lützow-Denkmal in Zobten, zur Erinnerung an die Lützowsche Freischar im Freiheits-Krieg 1813.
Das Richthofendenkmal vor der Gnadenkirche in Militsch.

Erinnerungsbilder aus der Aktiv-Zeit
im Ersten Weltkrieg.

Max Preussler, geboren in Pohlanowitz bei Breslau 1883, hat sich zur Erinnerung an seine Dienstzeit von 1904 bis 1906 in Paradeuniform verewigen lassen.

Soldatenschicksal – weit von ihrer Heimat liegen drei Kosaken bei Grunau. Beerdigt am 22. August 1813. Gefallen im Kampf gegen Napoleons fliehende Truppen.

NACHWORT

Schlechthin schlesisch

Schlesien ist schlechthin schlesisch. Darauf haben sich alle Gelehrten, die je über Schlesien nachgedacht haben, gleich ob heidnisch, christlich, deutsch oder polnisch, geeinigt. SILESIA – das lateinische Wort für Schlesien – geht auf den slawischen Gau der Slensane zurück, den die Völkertafel des Bayrischen Geographen aus der Mitte des neunten Jahrhunderts erwähnt: Er umfaßt die mittelschlesische Ackerebene beiderseits der Oder, von der Glatzer Neisse und dem Stober im Osten bis zum Striegauer Wasser im Westen. SILESIA heißt heute in Breslau auf der Nikolaistraße eine "Introligatornia", eine Buchbinderei. Auch ein D-Zug im heutigen Schlesien heißt SILESIA.
Die Geschichtsschreiber tun sich schwer, den Beginn dessen, was man sich unter SCHLESIEN vorstellt, zu fixieren. Im Jahre 1000 wurde das Bistum Breslau gegründet. Es war eine Folge der Missionierung Schlesiens: durch tschechische, deutsche, westeuropäische Geistliche in der Mitte des zehnten Jahrhunderts. Unter der Herrschaft des Polen-Herzogs Miezko des Ersten aus dem Hause der Piasten. Aber der Böhmen-Herzog Bratislav der Erste machte dem Polen-Herzog Miezko dem Ersten Schlesien streitig. Er besetzte es. Seitdem ging die Besitzfehde um Schlesien zwischen Polen und Böhmen hin und her.
Eine Zäsur brachte die Ära des Herzogs Heinrich des Ersten und seiner Gemahlin, der Heiligen Hedwig. Sie wird bis heute von Polen und Deutschen, als Gründerin des Klosters Trebnitz und Große Barmherzige Samariterin, hochverehrt. Ihr, einer Prinzessin aus Meran, ist die Einwanderung westlicher Siedler in das slawische Land zu danken. Vom Jahre 1200 an kamen wallonische, deutsche, geistliche, weltliche Land- und Stadtleute nach Schlesien und gründeten hier Rodungsgebiete, Bodenschatz-Abbauten und Marktorte zu "Magdeburgischem Recht".
Im Jahre 1241 fielen die Mongolen in Schlesien ein. Dieses Ereignisses – der Abwehr dieser Invasoren durch ein europäisches Ritter-Korps – wird heute in Schlesien gedacht: Auf dem "Liegnitzer Feld", an dem man auf der Autobahn von Görlitz nach Breslau vorbeifährt.
Nach dieser Verwüstung Schlesiens gab es ein umso stärkeres Aufbauwerk in der Form von Waldhufendörfern, Orten nach deutscher Art, aber auch in der Architektur der neuen Städte, regelmäßiger, mit einem Mauerring umgebener Anlagen, mit schachbrettartigem Straßennetz – und in der Mitte mit einem "Ring". Locatoren besorgten dieses Struktur-Unternehmen im Auftrag der Fürsten – sie bekamen dafür bevorzugte Güter; die noch bis 1945 bestehenden "Rittergüter" gehen auf diese Locatoren-Lehen zurück.

Schlechthin schlesisch ist Schlesien spätestens seit dem Jahr 1335, seitdem der polnische König Kasimir der Dritte, der Große, auf die schlesischen Gebiete verzichtet – zugunsten Johanns von Böhmen. Das bringt Schlesien, da der Böhmenkönig auch der Römische Kaiser ist, die Aufnahme in das Heilige Römische Reich.
Schlesien, dauernd von anarchistischen polnischen, hussitischen, ungarischen Heerführern durchtobt, konnte sich seiner agrarischen, urbanen, ethnischen Neuordnungen kaum freuen. Erfreulich war der Sprachausgleich, der im 15. Jahrhundert Polen, Tschechen und Deutsche versöhnte. Es war das Aufgehen von Minderheiten in Mehrheiten. Aber die Minderheiten wirkten in den Mehrheiten mit. Schlechthin schlesisch vermischte sich Ererbtes mit Neuem.

Es kamen dann die Habsburger; sie gaben von 1526 bis 1740 Schlesien, das sich eben auf das Herzlichste und Heftigste mit Luthers Protestantismus verquickt hatte, den Römischen Katholizismus zurück. Daraus entstand, bei aller Opposition, ja wegen aller Opposition gegen die Gegenreformatoren, die Große Schlesische Barockliteratur. Mit ihr steht Schlesien einsam im Raum der Geistesgeschichte. Kein Schlesier, der sich nicht des Schöpferischen Schuhmachers, des Poeten Jakob Böhme als seines Geistigen Ahnherrn rühmte: Er sprach als Erster die schlechthin schlesische Weisheit aus, daß, "wem Zeit wie Ewigkeit" und "Ewigkeit wie Zeit", "gefeit" ist gegen jeden "Streit". Und die Andreas Gryphius, Logau, Johann Christian Günther, diese Dichter, denen sich später Eichendorff und Gustav Freytag hinzugesellen – diese 666 schlesischen Dichter, von denen Detlev von Liliencron, neidisch auf solchen schlesischen Dichterhimmel, spricht, – die Ursache dieser ausgesprochen poetischen schlesischen Kultur mit ihrem Höhepunkt im siebzehnten Jahrhundert liegt gewiß darin, daß Schlesien eben immer schlechthin schlesisch war und ist: Ein Gemisch aus Slawisch und Deutsch, aus Protestantisch und Katholisch, aus Ost und aus West. "Getuppelt" nennt dies Gerhart Hauptmann.
Etwas Sensationelles fängt in Schlesien mit der "Preußischen Provinz Schlesien" an, die von 1741 bis 1918 besteht. Der junge König Friedrich der Zweite von Preußen sah in dem Tod Karls des Siebenten des Habsburgers, 1740, die Chance, sein Staatsgebiet nach Südosten und Schlesien auszudehnen. Bayern und Sachsen hatten die Pragmatische Sanktion von 1724, welche die weibliche Thronfolge nach Karls Tod vorsah, nicht anerkannt. Daraus ergab sich eine schwache, gefährdete Situation von Karls Tochter und Nachfolgerin Maria Theresia, und es entwickelte sich 1741 der Österreichische Erbfolgekrieg. Die Preußen drangen in Schlesien ein . . .

Friedrich der Zweite, von den Schlesiern geliebt, ja wie eine Ikone verehrt, hatte sich auf den Anspruch berufen, den die Hohenzollern auf Teile dieses Landes besaßen, seitdem 1621 der Markgraf Johann Georg im Zusammenhang mit dem Böhmischen Aufstand enteignet worden war. Maria Theresia mußte ihm im Verlaufe des Siebenjährigen Krieges nach dem Frieden von Hubertusburg 1763 den größten Teil Schlesiens überlassen. Nur den Zaun nicht – das mährische Schlesien um Troppau.
Das Erstaunliche, was der Alte Fritz, Schlesiens Legendenmann Numero Eins, Schlesien brachte, war der wirtschaftliche Aufstieg. Und zwar durch die Stiftung einer zentralen schlesischen Verwaltung. Der Alte Fritz begründete ebenso die Oberschlesische Schwerindustrie wie die Allgemeine Bildung in Ganz-Schlesien. Er gab Schlesien die religiöse Liberalität. Und er gab Schlesien jene Toleranzidee, durch welche sich Schlesien, als Wirtschafts-, als Agrar-, als Kulturland einen originellen Namen in der ganzen Welt zu machen vermochte.
Schlechthin schlesisch war Schlesien am ausgeprägtesten unter den Preußen. Es zeigte sich am signifikantesten in den schlesischen Soldaten, welche die Großen Kriege zu bestehen hatten: Schon in denen, die mit Blücher an der Spitze und mit den Russen und Kosaken als Bundesgenossen, gegen Napoleon marschierten – und diesen Ersten Diktator aus Europa herauswarfen. Toleranz, Cordialität, das "Ich dien" der Ethik Fichtes –, das lag den Schlesiern, das war ihre Einstellung zum Leben, seitdem es dieses Schlechthin-Schlesische gab.
Schlesien ist schlechthin schlesisch. Eben deshalb ist es ein Symbol für jegliches Land. Jegliches Land fährt am besten, wenn es so ist, wie es von seinem Urbild her ist. Das ist das Vermächtnis Schlesiens an alle Länder.

Schlechthin schlesisch ist der schlesische Geist. Zu beneiden seien wir Schlesier, meint Wilhelm Pinder, der Kunstgelehrte, weil wir DIE SCHÖNEN MADONNEN erfunden hätten. Jene Marien mit dem Kinde, die unbeschreiblich sanft in die Welt

sähen, nur zu vergleichen den russischen mit ihrer "umilenje", dem himmlischen Schmelz.
Der große Professor nannte mit dieser Anmerkung gleich zwei Charakteristika des schlesischen Geistes: die Tendenz zur religiösen Milde und die Neigung zu Rußland. Sehr lange diskutierten wir schlesischen Studenten darüber mit ihm. Es war die Zeit der Schlesier in der Weltstunde gewissermaßen. Die "Goldenen Zwanziger", des Jahrhunderts Jahre des Aufbruchs in allen Künsten, Wissenschaften, aber auch im Konfessionellen, Sozialen, Humanitären. Da kam die Kohlehydrierung, die "Kohleverflüssigung", mit dem Schlesier Friedrich Bergius ins volkswirtschaftliche Leben, da wurde Stück um Stück des Schlesiers Gerhart Hauptmann an den Bühnen Europas gespielt. Da gaben die Meister Oskar Moll, Theodor von Gosen, Oskar Schlemmer, Otto Mueller, Johannes Molzahn, Georg Muche, aber auch Jo Viniecki und Li Viniecki-Thorn im Planquadrat der Bildenden Künste – mit ihrer schlesischen Akademie – allerorten (nach dem Verfall des Dessauer Bauhauses) den Ton an. Da lernte der Zeitgenosse auf der schlesischen WUWA, der Ausstellung für Wohnung und Werkbau, in Breslau 1929 alle modernen Formen des Bauens kennen – an Bauten von Scharoun und Rumpp, von Theo Effenberger und Heinrich Lauterbach. Und da, im Chor der Lobredner für Schlesien, entwickelte der prominente Ordinarius für Kunstgeschichte, der schlesisch versippte Geheimrat Pinder seine Theorie von der Herkunft der klassischen abendländischen Bildhauerei um 1400. Sie habe mit ihren dreiviertel lebensgroßen in Kalkstein gehauenen SCHÖNEN MADONNEN, die von Westpreußen bis zum Rheinland zu finden seien, ihren Ursprung in Schlesien – in einer Werkstatt in Breslau.
Die Tendenz zu religiöser Milde ist freilich nicht schwer zu entdecken, wenn man an die toleranten sozialen Gottesfrauen und Gottesmänner denkt, die in Schlesien von Angelus Silesius bis zu Jochen Klepper, von der Heiligen Hedwig bis zur Edith Stein über die brennende Erde gegangen sind. Aber die Neigung zu Rußland? Einen russischen Begriff wählt Gerhart Hauptmann, um Schlesiens sprichwörtliche Sinnierer, Sektierer, Ekstatiker, die religiösen Seher, die Christen der Tat, den August Keil in der "Rose Bernd", die "Talbrüder" in Emanuel Quint" zu kennzeichnen – den der "Narren in Christo", deren bekanntestem, dem Heiligen Basilius, die bizarrste russische Kathedrale auf dem Roten Platz zu Moskau gewidmet ist. Des öfteren bin ich in Rußland auf Schlesisches gestoßen. Schon in des Adam Olearius Russisch-Persischem Reisebuch aus dem Goethe "Westöstliches" geschöpft hat, gibt's ein Kapitel über den "Pjeron", den slawischen Gott, von dem das geläufige oberschlesische "Pjerunna" herrührt. In Sibirien, im Schachtlager Stare-Kusnezk, nannten wir einen schlesischen Schustersmann, der uns, im tiefsten Dunkel, klarmachte, daß es das Böse gar nicht gebe, sondern nur das Gute, um dessentwillen die böse Kraft lediglich "Funktionsdienste" tu' – Jakob Böhme. Später, mehrmals, erfuhr ich in Kreisen russischer Menschen, daß sie Jakob Böhme ebenso wie Nikolai Berdjajew, Saint-Simon und Johann Sebastian Bach verehrten. Der Don-Kosaken-Chor gefiel mir, dem Breslauer Schüler, so sehr, daß ich Sergej Jarow feierlich versprach: Wenn ich groß werde, werde ich Kosak (was sich im Zweiten Weltkrieg bewahrheiten sollte . . .).
Schlechthin schlesisch ist der schlesische Geist. Er senkt sein Haupt in den Mutterschoß Rußland, er lehnt an der Schulter des Mädchens Polen; er hat eine Freundin in Mähren, wovon der schlesische Dichter August Scholtis stets beredt zu berichten wußte. Dann zitierte er seinen Kollegen, den Verfasser der "Schlesischen Lieder", den in tschechischer Sprache schreibenden schlesischen Lyriker Petr Bezruč, den Franz Werfel kurz vor dem Ersten Weltkrieg der Welt bekannt machte.

"So manchmal, wenn oben die Wolken ziehen,
mich Träumenden leichte Topase besprühen,
so manchmal rühren sich wallende Reihen,
Fahnen voran und ergreifende Chöre . . ."

Das schlechthin Schlesische des schlesischen Geistes mag seine Offenheit sein, seine unausmeßliche Neugier nach allem Anderen, allem Neuen.
Jochen Klepper, jener tragische Schlesier, der, als preußisch denkender, evangelisch freisinniger Dichter, im Zweiten Weltkrieg, bedrängt von Himmlers Auschwitz, seiner halbjüdischen Familie ein Ende setzte, erzählt die Geschichte von einem Jungen, "der sich Oder nannte, weil er am Ufer des Flusses aufgefunden worden war und nichts über seine Herkunft zu sagen wußte. Wie er mit den Wassertropfen des Stromes spielte und sich in ihm spiegelte, weil er keine Gefährten fand um seiner Seltsamkeit willen. Wie er heimkehrte in sein weites, kühles Vaterland, den Fluß."
Oder – dieses Wort ist ja doch auch immer ein Ausdruck für das Andere. Ein Ausdruck dafür, daß es neben dem Entweder, dem Einen, auch immer ein Oder, ein Anderes, gibt. Eine Chiffre für das, was das schlechthin Schlesische des schlesischen Geistes ist?
Eines Geistes, der so, viele Ketzer, so viele Käuze hervorgebracht hat, "andermal vom göttlichen Licht ergriffen". wie es Abraham von Franckenberg, einer der schlesischen Mystiker – der obersten Ketzer –, von dem berühmtesten schlesischen Mystiker, Jakob Böhme, gesagt hat? Es sind soviele Theosophen, Anthrophosophen, Pyromane und Stellonauten – und was für zirzensische clowneske Figuren es immer gibt – unter denen, die in Schlesien als Schriftsteller, Intendanten, Publizisten, als Wort- und Seelenführer Klang und Namen haben, daß man geneigt ist, vom schlesischen Geist als von einem virtuosen Theaterdirektor zu sprechen. Und so abwegig ist's schon deshalb nicht, weil sich im Kern der schlesischen Philosophie, die auch Schlesiens Theologie ist, Jakob Böhmes "Morgenröte im Aufgang" der Gedanke findet – der rumänische Dichter Eminescu hat ihn aufgenommen: "Gott ist der größte der Spieler, er sitzt an der Orgel des Himmels".
Vielleicht hat der schlesische Geist in den tumultarischen Zwanziger Jahren unseres Jahrhunderts, wo der schlesische Name am verbreitesten in der Welt war, auch seinen Höhepunkt gehabt. Damals waren die größten deutschen Schauspieler am Breslauer "Lobetheater" engagiert. Die Käthe Gold, die Fita Benkhoff, der Heinz Rühmann, der Karl Paryla, der Paul Hartmann, der Peter Lotar. Die Angela Sallocker spielte das Hannele, Hermann Menschel den Hauptmann von Köpenick. Klabund, der schwermütige Bänkler und chinesische Weise, lebte als Dramaturg am Oderufer, ihm assistierte Herybert Menzel, der Lyriker, der im Zweiten Weltkrieg bei der Verteidigung seiner Heimat Tirschtiegel fiel. In Breslau warben Franz Werfel und Max Brod nicht vergebens um eine Renaissance Guiseppe Verdis und seines Frühwerks. In der Breslauer Oper wurden die experimentellen Musiktheater-Novitäten, Hindemiths "Neues vom Tage", Kreneks "Leben des Orest", Brecht-Weills "Der Boxer" inszeniert.
Arnold Ulitz gründete die "Republik Scheitnig" in einer Breslauer Kneipe. Und in der "Goldenen Säule", Ecke Piasten-, Ecke Sternstraße, saßen bei Galone und Bier der Generalmusikdirektor Franz von Hösslin und der Professor Heinrich Polloczek, Paul Keller und Hermann Stehr, und wer immer in Breslau Einkehr hielt. Ein Musenvolk aus aller Herren Länder. Hier, in Schlesien, in Breslau im "Schlesischen Himmelreich alleweltdaheim", wie's einer von den expressionistischen Dichtern formulierte.

Der letzte lebende Dichter des Expressionismus, jener Richtung, die Schlesien zum Weltkunstland gemacht hat, ist bezeichnenderweise Kurt Heynicke.
Er hat ein Gedicht gedichtet – es könnte WIR SCHLESIER ZUHAUS überschrieben sein –:
"Tief in sich ist jeder allein.
Doch das Lächeln schlägt Bogen in mir zu dir.
Und die Türen sind weit zum Tempel der Seele."

QUELLEN

Ernst Kallée, schlesischer Lyriker, anregender Schlesienforscher, prägte das schöne Wort "Jerusalem meiner Jugend". Das Jerusalem ihrer Jugend haben viele geöffnet, die aus ihren Archiven mit Bild und Bericht zu diesem Buch beigetragen haben. Ich denke des spontanen Besuches von Werner Handke, seiner Erzählungen, seiner Bilder, des Buches von Georg Steller "Bauerndorf und Heidestädtchen", an dem er mitarbeitete. Mit einem ganzen Museum aus Bildern und Unterlagen überraschte mich Herbert Geisler. Luzia Günther gab mir mit ihrem Schrifttum über Steinau eine unausschöpfliche Truhe der Tradition. Pfarrer Richard Hoppe steuerte Authentisches aus Wohlau bei. Von Eberhard Scholz spannte sich der Bogen zu Oskar Scholz, dem berühmten Heimatgelehrten. Aus den Studien der verstorbenen Kristine Späth über die Töpferei gewann ich ein universelles Bunzlau-Bild. Von Claudia Polloczek empfing ich das "Rezept" der Gertrud Polloczek. Ernst Friebe machte mich auf Mundartliches aufmerksam, "Rosinen" im Kuchen Schlesiens. Barbara Mutter bereicherte das Buch mit der originellsten Plastik Paul Mutters, des Holzbildhauers. Prof. Dr. Liess bot einen pikanten Einblick in die Breslauer Universität, neben vielen anderen "Schnappschüssen". Dr. Kindler und H. J. Marschall offerierten Bezeichnendes zur schlesischen Genesis. Im Bereich des Sportlichen lagen die Einsendungen von Anni Weynell und Erich Deutscher. Arthur Winkler ergänzte mit seinen Bildern Landschafts- und Menschen-Beschreibung. Renate Schild leistete Wertvolles zum Verständnis schlesischen Wirkens. Günter Rüger schickte Raritäten. Ferner gesellten sich folgende Mitarbeiter Werner Handkes hinzu: Helene Schulze, Kurt Neubarth, Hannelore Beier, Marianne Mikulla, Erna Linde, Inge Hermann.

Allen, die zum Mosaik dieses Buches ihre kostbaren Steine gebracht haben, herzlichsten Dank.

Wolfgang Schwarz

Bilder stellten zur Verfügung:

Cäcilie Babisch, 4840 Rheda/WD 2 – Ernst Balcke, 2217 Kellinghusen – H. Berger, 7410 Reutlingen – Gertrud Bendier, 2262 Leck – Kurt Bluschke, 8580 Bayreuth – Heinz Csallner, 6000 Frankfurt/M. 56 – Erich Deutscher, 6233 Kelkheim – Hanni Förster, DDR-4200 Merseburg 3 – Paul Fremdling, 7930 Ehingen/Donau – Paul Frost, 4242 Rees 3 – Ingeborg Fürst, 8580 Bayreuth – Dr. Hans Gärtner-Ogroske, 4200 Oberhausen – Herbert Geisler, 3324 SZ-Ringelheim 61 – Ursula Gerber, 6400 Fulda – Erhard Gnädig, 3280 Bad Pyrmont – Luzia Günther, 4000 Düsseldorf 1 – Paul Guhle, 2900 Oldenburg – Werner Handke, 7890 Waldshut-Tiengen 1 – Oswald Hartmann, 8411 Ponholz ü. Rgbg. – Elly Holz-Gressinger, 7760 Radolfzell a. B. – Günther Illguth, 2900 Oldenburg – Dr. Hubert Kindler, 8000 München 60 – Brigitte Kluge, 6100 Darmstadt 12 – Ingeborg König, 2800 Bremen – Maria-Theresia Kollenda, 3000 Hannover – Rudolf Kreller, 3300 Braunschweig – Heinz Kühnel, 8400 Regensburg – Wilhelm Künzel, 4322 Sprockhövel 1 – Herta Kuhring, 6500 Mainz – Irene Lange, 4000 Düsseldorf 1 – Kurt Langer, 8420 Kelheim – Helmuth Laqua, 8672 Selb – Prof. Dr. A. Liess, A-3411 Weidling – Ekkehard Loch, 5880 Lüdenscheid – Erwin Luxerek, 5600 Wuppertal – Adelheid Mägde, 3211 Eime 1 – Franz Josef Marschall, 2980 Noden/Tidofeld – Lucia Melles, 6120 Erbach i. O. – Max Mestel, 8500 Nürnberg 10 – Konrad Münch, 6143 Lorsch – Martha Müller, 6230 Frankfurt/M.-Sossenheim – Viktor Müller, 3324 Ringelheim – Helmut Neumann, 4132 Kamp-Lintfort – Hans Nitsche, 7150 Backnang – Kurt Pliefke, 4630 Bochum 1 – Andreas Quaselingroch, 3050 Wunstorf – Paul Reimann, 3422 Bad Lauterberg/Harz – Stephan Reinsch, 4902 Bad Salzuflen – Hans Riebe, 2810 Verden – Günther Röhr, 4400 Münster – Erwin Röhrig, 8352 Grafenau – Hans Ulrich Rösner, 5000 Köln 80 – Margot Rotter, 4047 Dormagen – Günter Rüger, 3000 Hannover 73 – Walter Scharf, 10532 Hawthorne N.Y./USA – Renate Schild, 8058 Erding – DER SCHLESIER, 4350 Recklinghausen – Alfons Schneider, 8000 München 70 – Meta Schneider 3150 Vöhrum – Eberhard Scholz, 7740 Triberg/Schwarzw. – Hellmuth Scholz, 6800 Mannheim – Heinz Schulze, 4300 Essen 1 – Rudolf Schuster, 7300 Esslingen – Ursula Schwartzer, 5300 Bonn 1 – Kristina Sieferle, 8951 Görisried 151 – Irma Stockmann, 4995 Stemwede 2 – Brigitte Stürmer, 7000 Stuttgart – Dr. Klaus Ullmann, 6000 Frankfurt/M. – Alfons Weghuber, 1000 Berlin – Artur Winkler, 4000 Düsseldorf 30 – Helmut Wolf, 5500 Trier – Waldemar Wradzlawek, 6308 Butzbach.

Ihnen allen, die dazu beitrugen, daß der Bildband "WIR SCHLESIER ZUHAUS" entstehen konnte, gehört unser Dank!

Podzun-Pallas-Verlag GmbH